Klartext

Hans Adamo / Florence Hervé

Natzweiler-Struthof

Regards au-delà de l'oubli –
Blicke gegen das Vergessen

mit Fotografien
von Martin Graf

Die Deutsche Bibliothek – CIP-Einheitsaufnahme

Natzweiler-Struthof : regards au-delà de l'oubli, Blicke gegen das Vergessen / Hans Adamo ; Florence Hervé. Fotogr.: Martin Graf. – Essen :
1. Aufl. – Klartext-Verl., 2002
  ISBN 3-89861-092-6

Gedruckt mit Unterstützung der
Ernst-Strassmann-Stiftung
in der Friedrich-Ebert-Stiftung.

1. Auflage, September 2002
Satz und Gestaltung: Klartext Verlag, Essen
Umschlaggestaltung: Kai Münschke (Klartext Verlag)
               unter Verwendung eines Fotos von Martin Graf
Druck: Drukkerij Giethoorn ten Brink, Meppel (NL)
© Klartext Verlag, Essen 2002
ISBN 3-89861-092-6
Alle Rechte vorbehalten
Printed in Germany

Inhaltsverzeichnis — Table des matières

Einleitung	7	Préface

Das Lager — Le camp

Das System der KZ-Lager	11	**Le système concentrationnaire**
Die Häftlinge	11	Les détenus
Die Hauptfunktionen	11	Les fonctions principales
Das Lager	13	Le camp
NN-Häftlinge im Struthof	18	Les détenus NN au Struthof
Frauen im Struthof	20	Les femmes au Struthof
Medizin ohne Menschlichkeit	23	Médecine sans humanité
Die Gaskammer	24	La chambre à gaz
Aus den Vernehmungsprotokollen des ehemaligen Lagerkommandanten Josef Kramer	26	Extrait du Procès-verbal de l'interrogation de l'ancien commandant du camp Josef Kramer
Das Massengrab	28	Le charnier
Nebenlager und Außenkommandos	29	Les kommandos annexes et extérieurs
Auflösung und Evakuierung	32	Dissolution et évacuation
Täter und Gehilfen	33	Les auteurs de crimes et leurs sbires

Augenzeugenberichte — Témoignages de survivants

Adélaide Hautval: Von Auschwitz nach Struthof	38	*Adélaide Hautval:* D'Auschwitz au Struthof
Fritz Lettow: Arzt in den Höllen	39	*Fritz Lettow:* Médecin en enfer
Léon Leloir: Von Osten nach Westen	45	*Léon Leloir:* D'est en ouest
Albert Hornung: Die stillen Helden	47	*Albert Hornung:* Les héros
Germain Lutz: Solidarität und Sabotage	48	*Germain Lutz:* La solidarité et le sabotage
Roger Linet: Eine heimliche und sorgfältige Solidarität	51	*Roger Linet:* Solidarité clandestine et méticuleuse

Schreiben und Malen über Struthof — Écritures et arts autour du Struthof

Georg Büchner „Als jage der Wahnsinn auf Rossen hinter ihm …"	54	*Georg Büchner* «Comme si la Démence à cheval lui donnait la chasse …»
Bernhard Schlink „In mir fühlte ich eine große Leere …"	56	*Bernhard Schlink* «Je sentais en moi un grand vide …»
Tomi Ungerer „Der Struthof-Besuch hat mein ganzes Leben bestimmt"	59	*Tomi Ungerer* „La visite du Struthof a marqué ma vie"

Jean-Paul Klée		*Jean-Paul Klée*
Elsässische Kreuzigung	62/63	Crucifixion alsacienne
Rückkehr zum Struthof	64/65	Retour au Struthof
Michel Lemercier		*Michel Lemercier*
Der Struthof	74	Le Struthof
Judy Chicago		*Judy Chicago*
Die Banalität des Bösen	76	La banalité du mal
Roger Dale		*Roger Dale*
Blicke auf die Freiheit	78/79	Vues de la liberté
Sylvie Reff		*Sylvie Reff*
Seid ihr schon einmal auf dem Struthof gewesen?	80	Avez-vous déjà été au Struthof?

Zukunft des Erinnerns   L'avenir de la mémoire

Rainer Bliesener		*Rainer Bliesener*
Gegen Neofaschismus und Rechtsextremismus	81	Contre le néofascisme et l'extrémisme de droite
François Amoudruz		*François Amoudruz*
Das Projekt eines europäischen Zentrums des deportierten Widerstandskämpfers im Nazi-Konzentrationslagersystem Im Dienste des Gedenkens und der Wachsamkeit	82	Le projet de Centre européen du résistant déporté dans le système concentrationnaire nazi. Une réalisation au service de la mémoire et de la vigilance
Grundriss des Konzentrationslagers Natzweiler-Struthof	88	**Plan du camp de concentration Natzweiler-Struthof**

Martin Graf		*Martin Graf*
Blicke gegen das Vergessen		**Regards au-delà de l'oubli**
Augen-Blicke des Fotografen	89	Regards de l'instant

Anhang   Annexe

Gedenkstätten und Sehenswürdigkeiten	130	Lieux de mémoire et sites historiques
Eine kleine Chronik	134	Petite chronique
Praktische Hinweise	137	Renseignements pratiques
Anmerkungen	139	Notes
Literatur	140	Bibliographie
Text- und Bildnachweis	141	Textes et crédits photographiques
Biographisches	142	Repères biographiques

Einleitung

„Quel beau jardin!", „Welch' schöner Garten!", rief Ludwig XIV., der Sonnenkönig, aus, als er 1681 von der Zaberner Steige auf einen Teil des Elsass blickte.

Kaum Vorstellbares ist seit jener Zeit geschehen. Drei Kriege, zwei von ihnen wurden sogar zu Weltkriegen, sind über den Rhein und das schöne Gartenland wie ein grausamer Vernichtungssturm hinweggetobt.

Viel Blut ist hier geflossen. Vernichtet wurden Menschen auf dem Struthof, wie man im Elsass auch das ehemalige KZ-Lager bei Natzweiler benennt, das nach dem Überfall deutscher Truppen in Frankreich gebaut wurde.

Irgendwann nach dem Zweiten Weltkrieg haben dann junge Leute damit begonnen, das Lied, das ihre Eltern und Großeltern in der Schule lernten, umzuschreiben: „O Straßburg, o Straßburg, du wunderschöne Stadt – darinnen sei jetzt Frieden und kein Soldatengrab!"

Zur Geschichte des Elsass gehört auch der Struthof, nicht nur das Straßburger Münster, der Hartmannsweiler Kopf, die Hochkönigsburg, Colmar und die Dörfer an der Weinstraße. Der elsässische Humanist Tomi Ungerer schrieb: „Dieser Ort, den ich oft besuche, hat mich wie der Isenheimer Altar stark und tief geprägt." Und der französische Jugendbuchautor Jean-Paul Nozière erklärte: „Dieser Besuch hat mein ganzes Leben bestimmt, alle meine Wünsche, meinen ganzen Willen. Er beeinflusste meine Art zu schreiben, meine Art zu leben und zu denken."

150.000 Menschen besuchen jährlich das Lager auf dem Struthof. Häufig sind es Schülerinnen und Schüler mit ihren Lehrern und Lehrerinnen, die spontan ihre Eindrücke in das ausliegende Buch eintragen. Ihre Empörung über die abscheulichen Verbrechen der Vergangenheit verbindet sich mit einem „Nie wieder", mit dem Wunsch nach Frieden, nach einer Welt der Toleranz und der Freundschaft ohne Unterdrückung und Rassismus.

Préface

«Quel beau jardin!», s'écria Louis XIV, le Roi-Soleil, alors qu'il contemplait en 1681 une partie de l'Alsace du haut du col de Saverne.

Depuis ces temps-là, des choses inimaginables s'y sont passées. Trois guerres, dont deux furent des guerres mondiales, ont fait dans une folie d'extermination des ravages du côté du Rhin et du beau jardin.

Beaucoup de sang a coulé. Des êtres humains ont été exterminés au Struthof, ainsi appelle-t-on l'ancien camp de concentration près de Natzwiller construit après l'invasion des troupes allemandes en France.

Après la 2ème guerre mondiale, des jeunes ont repris, tout en la modifiant, la chanson que leurs parents et leurs grands-parents apprenaient à l'école: «O Strasbourg, o Strasbourg, ville splendide – que la paix y règne, et non le tombeau du soldat!»

Le Struthof fait partie de l'histoire de l'Alsace, tout comme la Cathédrale de Münster, le Vieil-Armand, le Haut-Koenigsbourg, Colmar et les villages bordant la route du vin. L'humaniste alsacien Tomi Ungerer écrivait: «Ce lieu que je visite souvent, m'a marqué profondément, tout aussi fortement que l'autel d'Isenheim.» Et l'écrivain français Jean-Paul Nozière déclarait: «Cette visite a déterminé toute ma vie, tous mes désirs, toute ma volonté. Elle a influencé ma manière d'écrire, ma façon de vivre et de penser.»

150.000 personnes visitent chaque année le Struthof. Souvent, ce sont des élèves et leurs professeurs qui inscrivent spontanément leurs impressions dans le livre d'or. À leur indignation face aux horribles crimes du passé s'allie un «Plus jamais», la volonté de paix, d'un monde de tolérance et d'amitié, sans oppression ni racisme.

Le souvenir mène au présent, et, lors de notre visite au Struthof, nos regards contre l'oubli se portent tout d'abord sur l'environnement.

Erinnern führt in die Gegenwart, und unsere Blicke gegen das Vergessen richten sich bei unserem Besuch auf dem Struthof zunächst auf unsere Umgebung.

Das Wetter ist wechselhaft in den Vogesen. Wenn in der Rheinebene oder in den Tälern die Sonne scheint, dann kann es hier oben nasskalt und wolkenverhangen sein, und ein stürmischer Wind treibt die Regenschauer über den steilen Hang, auf dem sich das ehemalige KZ-Lager befindet. Im Spätherbst und in den langen Wintermonaten sind die Witterungsverhältnisse besonders schwer zu ertragen. Georg Büchner hat sie in seinem „Lenz" anschaulich geschildert. Der Weg des „Lenz durch's Gebirg" zu Pfarrer Oberlin nach Waldersbach könnte dort vorbeigeführt haben, wo heute der Struthof ist.

Bei einem solchen Wetter hat man nicht nur die schemenhaften Umrisse des Eingangstores und der Stacheldrahtzäune vor Augen, sondern auch das Bild geschundener Arbeitssklaven, die sich, dünn bekleidet und ausgehungert, vom außerhalb des Lagers gelegenen Steinbruch auf das Lagergelände schleppen.

Wer jedoch den Struthof besucht und das Glück hat, einen wolkenlosen und blauen Himmel zu erleben, der ist gleichzeitig fasziniert vom Reiz der Landschaft und dem abschreckenden Bild der wenigen erhaltenen und an den Hang geduckten, ärmlichen Baracken, den Wachtürmen, den Stacheldrahtzäunen und dem Galgen auf dem Appellplatz. Ständig wechselt der Blick vom Höhenzug mit dem 1.008 Meter hohen Donon ins Breuschtal hinunter oder auch zu dem großen Steinbruch, wo Buntsandstein abgebaut wird, und dann wieder in die scheinbare Unwirklichkeit des Lagers, das nicht nur im Winter eine Hölle war. Das Lager ist, schon wegen seiner Hanglage, auf einen Blick zu übersehen, da es eine Fläche von kaum mehr als zwei Quadratkilometern hat.

Das zunächst Auffälligste ist, dass die Häftlinge bei klarem Wetter ins Tal und damit in die Freiheit sehen konnten: Häuser der Stadt Schirmeck mit den großen Sanatorien am Hang, in denen sich während des Krieges Lazarette befanden, die mit einem weithin sichtbaren roten Kreuz gekennzeichnet waren. Das größte unter ihnen war

Le temps est variable dans les Vosges. Quand le soleil brille dans la plaine du Rhin ou dans les vallées, les nuages restent accrochés là-haut et il peut faire froid et pluvieux ici-bas; un vent violent pousse les averses sur la pente abrupte, lieu de l'ancien camp de concentration. À la fin de l'automne et pendant les longs mois d'hiver, le temps est particulièrement difficile à supporter. Georg Büchner l'a décrit longuement dans son roman »Lenz«. Le chemin de l'écrivain du «Sturm und Drang» à travers la montagne jusque chez le pasteur Oberlin à Waldersbach, a peut-être passé par ici, là où se trouve le Struthof aujourd'hui.

Par un tel temps, on n'a pas seulement l'ombre des contours du portail d'entrée et de la clôture de barbelés devant les yeux, mais aussi l'image d'esclaves tyrannisés, habillés trop légèrement et affamés, se traînant de la carrière située à l'extérieur du camp jusqu'à l'intérieur du camp.

Celui ou celle qui visite le Struthof et a la chance de voir un ciel bleu, sans nuages, est tout à la fois fasciné par les attraits du paysage et l'affreuse vue sur les quelques baraques misérables subsistant penchées sur le versant, sur les miradors, les barbelés et la potence sur la place de l'appel. La vue change constamment, de la chaîne des collines avec le Donon haut de 1.008 m descendant dans la vallée de la Bruche ou sur la grande carrière dans laquelle on exploite le grès multicolore, et de nouveau sur l'irréalité apparente du camp, – un enfer pas seulement en hiver. D'un seul regard, on embrasse le camp en raison de sa situation sur le versant, car sa surface ne dépasse pas plus de 2 km².

Ce qui frappe tout d'abord, c'est que les détenus pouvaient apercevoir la vallée par temps clair et donc entrevoir la liberté: les maisons de la ville de Schirmeck avec les grands sanatoriums sur le versant, qui hébergeaient des hôpitaux militaires pendant la guerre et étaient marqués d'une croix rouge visible aux alentours. Le plus grand d'entre eux avait été construit au tournant du 20è siècle sous l'autorité allemande en Alsace. À quelques kilomètres de distance à peine à vol d'oiseau, on soignait des êtres humains et on tuait des êtres humains. Autrefois aussi, on a dû percevoir nettement les rumeurs de la vallée, la sonnerie des cloches des églises ou le sifflement des trains

etwa um die Jahrhundertwende unter deutscher Herrschaft im Elsass gebaut worden. Nur wenige Kilometer Luftlinie voneinander entfernt waren Pflege von Menschen um die Gesundung und Ermordung anderer Menschen. Deutlich vernehmbar dürften auch damals die Geräusche gewesen sein, das Läuten der Kirchenglocken oder der Lärm vorbeifahrender Züge der dicht befahrenen Eisenbahnlinie und Geräusche von Bau- und Erntearbeiten.

Es fällt noch der Blick auf das große, weiße, schlichte Monument außerhalb des Lagers, das Memorial der Deportation, das am 23. Juli 1960 von General de Gaulle mit der symbolischen Flamme für die Freiheit der Öffentlichkeit übergeben wurde. In den Gräbern, die sich hier oben, hinter dem Monument, befinden, sind nicht, wie oftmals irrtümlich angenommen, ermordete Häftlinge bestattet. Keinem der Getöteten war ein Grab vergönnt, ausnahmslos wurden sie im Krematorium verbrannt und ihre Asche wurde verscharrt. Hier oben sind Franzosen beigesetzt, die nach Ende des Krieges umgebettet wurden. Auf dem Platz vor dem Monument finden jedes Jahr zur Erinnerung an die ermordeten Deportierten und Widerstandskämpferinnen und -kämpfer sowie alle, die im Kampf für die Befreiung des Landes ihr Leben ließen, die offiziellen Gedenkfeiern statt.

Das Lager auf dem Struthof war einzigartig in Frankreich.[1] Im Unterschied zu den Internierungslagern im Südwesten des Landes, wie z.B. Gurs oder Le Vernet, war es das einzige deutsche Konzentrations- und Vernichtungslager in Frankreich – das Elsass war annektiert, dem „Reich" angeschlossen worden. Die allgemeinen Merkmale des KZ-Lagersystems trafen auf das Lager auf dem Struthof zu, nicht auf die anderen Internierungslager.

Der Struthof ist noch weitgehend unbekannt, die verfügbare Materialienlage in Deutsch dürftig. Leider ist die erste umfangreiche Untersuchung von Jürgen Ziegler, „Mitten unter uns. Natzweiler-Struthof: Spuren eines Konzentrationslagers" (1986), vergriffen. Daher wollen wir informieren, mit geschichtlichen Darstellungen, mit Berichten von Überlebenden und mit praktischen Hinwei-

passant sur la voie très fréquentée ainsi que les bruits des travaux de construction ou de récolte.

Il y a encore la vue sur le grand monument blanc, simple, en-dehors du camp, le Mémorial de la Déportation, qui fut remis au public par le Général de Gaulle le 23 juillet 1960, avec la flamme symbolique de la liberté. Ici en haut, derrière le monument, ce ne sont pas les détenus assassinés qui ont été enterrés dans les tombes, comme on le pense souvent à tort. Aucun des morts n'a eu droit à une tombe, ils furent tous sans exception brûlés dans les crématoires et leurs cendres éparpillées. Ce sont des Français qui sont enterrés ici, exhumés d'autres sépultures à la fin de la guerre.

Sur la place devant le monument, les cérémonies officielles ont lieu chaque année, en souvenir des déportés, des résistants et résistantes assassinés et de tous ceux et celles qui ont donné leur vie pour la libération du pays.

Le camp du Struthof était unique en France.[1] À la différence des camps d'internement dans le sud-ouest du pays, tels que Gurs ou Le Vernet par exemple, c'était le seul camp de concentration et d'extermination allemand en France – l'Alsace avait été annexée et intégrée au «Reich». Les caractéristiques générales du système concentrationnaire sont valables pour le camp du Struthof, mais pas pour les autres camps d'internement.

Le Struthof est encore mal connu, et la documentation insuffisante en allemand. L'ouvrage le plus complet en allemand, «Natzweiler-Struthof, Sur les traces d'un camp

sen. Wir haben außerdem Texte, Gedichte und Bilder versammelt, die mit dem Struthof zu tun haben. Von Schriftstellern, Dichtern und Malern, die mittelbar oder unmittelbar davon betroffen wurden.

Erinnern, für die Gegenwart und die Zukunft. Dr. Léon Boutbien (1915–2001), Résistance-Kämpfer, deportiert nach Struthof und Dachau, ehemaliger Vorsitzender der Exekutivkommission des Struthof, formulierte es so: „Bei der Erinnerung an das, was Konzentrationslager waren, geht es nicht darum, deren Gräuel zu beschreiben, sondern darum, einigen Regierungen zu verbieten, solche Mittel ins Auge zu fassen, um ein Volk zu unterordnen."

Hans Adamo   Florence Hervé

de concentration» (1986), de Jürgen Ziegler, est malheureusement épuisé. Nous avons donc décidé d'informer avec des exposés historiques, des témoignages de survivants et des références pratiques. Nous avons également rassemblé des textes, des poèmes et des images sur le Struthof, d'écrivains, de poètes et de peintres concernés directement ou indirectement par ce camp.

Se souvenir, pour le présent et pour l'avenir. Le docteur Léon Boutbien (1915–2001), résistant déporté au Struthof et à Dachau, ancien président de la Commission exécutive du Struthof, a formulé ce but ainsi: »S'il faut se souvenir de ce que furent les camps de concentration, ce n'est pas pour en décrire l'horreur, mais pour interdire que certains gouvernements puissent envisager d'utiliser ce moyen pour asservir leur peuple.»

Hans Adamo   Florence Hervé

Das Lager

Das System der KZ-Lager

Die Häftlinge

Die Konzentrationslager des Hitlerregimes, die nach 1933 errichtet wurden, waren zunächst für politische Häftlinge gedacht. Bald wurden in ihnen jedoch auch Kriminelle, „Asoziale", Juden, Homosexuelle, „ernste Bibelforscher" – heute nennen sie sich Zeugen Jehovas – „Zigeuner" und nach dem Beginn des Zweiten Weltkrieges auch Ausländer, insbesondere Kriegsgefangene, inhaftiert. Sie wurden ab 1935 durch farbige Winkel an der gestreiften Häftlingskleidung gekennzeichnet: Politische rot, Kriminelle grün, Homosexuelle rosa, „Bibelforscher" lila, „Asoziale" schwarz, Sinti und Roma braun, Juden gelb, ehemalige Emigranten blau. Manche Häftlinge hatten auch Doppelkennzeichen dieser Dreiecke. Die meisten hatten außerdem noch Nummern, die ihnen auf den Unterarm tätowiert wurden.

In einigen KZ-Lagern – vor allem im Lager Struthof – gab es darüber hinaus Häftlinge mit der NN-Bezeichnung. In greller Ölfarbe waren sie mit diesen beiden Buchstaben weithin sichtbar markiert. Diese Bezeichnung ging auf den berüchtigten Nacht-und-Nebel-Erlass zurück, einen Befehl des Chefs des Oberkommandos der Wehrmacht Keitel vom 7. Dezember 1941, wonach „Straftäter" aus den besetzten Gebieten, die zu milde verurteilt waren, „bei Nacht und Nebel" nach Deutschland gebracht werden mussten, um dort beseitigt zu werden. Deshalb waren sie in den Lagern auch besonderen Schikanen und schwersten Haftbedingungen ausgesetzt, für ihre Angehörigen blieben sie spurlos verschwunden.

Die Hauptfunktionen

War die Hauptfunktion der KZ-Lager nach 1933 zunächst auf die Ausschaltung der politischen Gegner des

Le camp

Le système concentrationnaire

Les détenus

Les camps de concentration du régime hitlérien, construits immédiatement après 1933, étaient d'abord destinés aux détenus politiques. Peu de temps après pourtant, les «droit commun», les «asociaux», les juifs, les homosexuels, les scrutateurs de la Bible, appelés aussi témoins de Jéhovah, les «tziganes» furent aussi incarcérés, ainsi que les étrangers et les prisonniers de guerre. A partir de 1935, ils furent tous immatriculés et portaient des triangles de couleur sur leurs vêtements rayés de détenus: rouges pour les politiques, verts pour les droit commun, roses pour les homosexuels, violets pour les scrutateurs de la Bible, noirs pour les asociaux, marrons pour les Sintis et les Rom, jaunes pour les Juifs, et bleus pour les anciens émigrés. Certains détenus portaient même deux triangles. La plupart avaient en plus des numéros tatoués sur l'avant-bras.

Dans certains camps de concentration, dont le Struthof surtout, il y avait en plus des détenus avec la marque NN. On les avait tatoués de ces deux lettres de couleur pétrole criarde bien visibles. L'origine de ce signe venait du sinistre décret sur les Nuit et Brouillard. Un décret résultant d'un ordre du chef du commandement de la Wehrmacht Keitel du 7 décembre 1941, selon lequel les «délinquants» des pays occupés dont la peine était trop légère, devaient être emmenés en Allemagne pour y être supprimés. C'est pourquoi ceux-ci étaient soumis à des harcèlements supplémentaires et à des conditions de détention particulièrement pénibles. Pour leurs familles, c'étaient des disparus, sans aucune trace.

Les fonctions principales

La fonction principale des camps de concentration après 1933, appelés «camps de surveillance» et «camps de re-

Naziregimes mit brutalen Einschüchterungen gerichtet und anfangs als „Verwahrungs-" und „Erziehungslager" bezeichnet, so vollzog sich mit der Kriegsvorbereitung und insbesondere seiner Durchführung sehr bald eine Wandlung zum SS-Konzern. Nicht mehr angebliche Verwahrung von Häftlingen nur aus Sicherheitsgründen und zur Umerziehung standen im Vordergrund.

Die sich gegenseitig ergänzenden und überschneidenden Funktionen und Absichten des KZ-Lagersystems zielten darauf ab:

– Isolierung und brutale Bestrafung politischer und weltanschaulicher Gegner. „Säuberung" des Herrschaftsbereiches und Absicherung der absoluten Herrschaft. Strafmaßnahmen beinhalteten: Entzug von Nahrung und Schlaf, Einzelhaft in völlig dunklen Räumen, dem so genannten „Bunker", Stockhiebe, Erhängen und Erschießen.

– Physische und moralische Erniedrigung und Zerstörung durch Zwangsarbeit nicht unter zwölf Stunden in Steinbrüchen, bei Bauvorhaben wie Straßenbau und in Rüstungsbetrieben, oftmals unterernährt und dürftig bekleidet.

– Ausbeutung durch Zwangsarbeit zur Sicherung von Maximalprofiten für Rüstungsbau und SS-Wirtschaftsunternehmen und als Beitrag für den „totalen Krieg" und den „Endsieg". Der Krieg hatte eine einschneidende Strukturveränderung der Konzentrationslager gebracht und der rüstungsorientierten Arbeit alles untergeordnet. Mit dem Beginn des Krieges wurden deshalb auch zahlreiche Nebenlager oder Außenkommandos geschaffen. Zu den 22 Hauptlagern gehörten 1.202 Außenlager und Außenkommandos. Bemerkenswert ist, dass zum relativ kleinen Lager Struthof etwa 70 Außenlager gehörten.

– Vernichtung alles „Artfremden", „asozialer Elemente", insbesondere Juden, „Zigeuner", Russen, Ukrainer. Um ihre menschenverachtende Rassenlehre durchzusetzen, gingen die Nazis in den KZ-Lagern zur systematischen Massenvernichtung der Juden, zur „Endlösung der Judenfrage" über. Diese wurde auf der

dressement», consistait à éliminer les adversaires politiques du régime nazi à l'origine, qui étaient d'abord soumis à des intimidations brutales. Avec les préparatifs et surtout la poursuite de la guerre, des changements intervinrent rapidement, les camps devenant des SS-Konzern. Il ne s'agissait plus alors de surveiller des détenus pour de fausses raisons de sécurité et de rééducation.

Les fonctions et les buts du système concentrationnaire se complétaient et se recoupaient comme suit:

– L'isolement et la punition brutale des adversaires politiques ou d'opinions différentes pour «épurer» du pouvoir et mettre en sûreté le pouvoir absolu. Les mesures de punition: suppression de nourriture et de sommeil, détention cellulaire dans des pièces complètement sombres (le fameux «Bunker»), coups de bâton, pendaison et exécution par les armes.

– La dégradation physique et morale et la destruction des détenus, souvent sous-alimentés et insuffisamment habillés, par des travaux forcés d'au moins douze heures dans des carrières, travaux routiers et dans les industries d'armement.

– L'exploitation par les travaux forcés pour assurer des profits maximaux à l'industrie de l'armement et aux entreprises SS et pour contribuer à la «guerre totale» et à la «victoire finale». La guerre avait entraîné des changements décisifs dans la structure des camps de concentration et la subordination de tout au travail orienté vers l'armement. Ainsi furent construits de nombreux camps annexes ou commandos extérieurs au début de la guerre. 1.202 camps et commandos extérieurs dépendaient des 22 camps centraux. Il faut remarquer que le camp du Struthof, relativement petit, avait environ 70 camps extérieurs.

– Élimination de tout ce qui était «étranger à la race», des «éléments asociaux», particulièrement des juifs, des «tziganes», des russes, des ukrainiens. Pour imposer leur doctrine raciale, les nazis en vinrent à l'élimination de masse des juifs, à «la solution finale». Celle-ci fut décidée par de hauts fonctionnaires nazis et des SS-Führer lors de la conférence de Wannsee en janvier 1942.

„Wannseekonferenz" im Januar 1942 von hohen Nazi-Beamten und SS-Führern beschlossen.
Die sechs auf polnischem Gebiet geschaffenen KZ-Lager waren Todesfabriken, in denen in einem durchorganisierten Schnellverfahren rund sechs Millionen Menschen vergast und verbrannt wurden. Die meisten von ihnen wurden mit dem Giftgas „Zyklon B" des IG-Farben-Konzerns erstickt.
– Pseudomedizinische Menschenversuche zur Erprobung chemischer Kampfstoffe, Unterkühlungsversuche und künstlich herbeigeführte Infektionen sowie Sterilisationen, bei denen unzählige Menschen oft unter großen Qualen zu Tode kamen. Das Lager Struthof sollte zusätzlich noch genutzt werden, um durch die Ermordung von Häftlingen eine „Skelettsammlung" anzulegen.

Ergänzt werden soll noch, dass es neben KZ-Lagern noch Sonderlager der SS und mehrere „Jugendschutzlager" gab. Hinzu kommen die zeitweise über 50 Zuchthäuser und 175 Gefängnisse in Deutschland und den besetzten Gebieten. In 21 von ihnen fanden regelmäßig Hinrichtungen statt. Nach Ermittlungen des Bundesjustizministeriums soll es von 1937 bis 1945 über 26.000 registrierte Hinrichtungen gegeben haben.

Insgesamt sollen in allen Lagern, einschließlich der Kriegsgefangenenlager und Zwangsarbeitslager, etwa 18 Millionen Menschen inhaftiert gewesen sein. Etwa elf Millionen Menschen wurden vernichtet bzw. fielen den Haftbedingungen zum Opfer. Die meisten der Opfer waren Juden, etwa 5,1 Millionen, und sowjetische Kriegsgefangene, etwa 3,3 Millionen.[2]

Das Lager

Zu dem SS-Imperium gehörten auch mehrere Wirtschaftsunternehmen, die nach außen hin Tarnnamen hatten. So auch die „Deutsche Erd- und Steinwerke GmbH" (DEST).
Als Ergebnis einer Besichtigungsreise hoher SS-Führer unter dem Standartenführer Karl Blumberg im September

Les six camps de concentration installés sur le territoire polonais ressemblaient à des usines de la mort, dans lesquelles environ six millions de personnes furent gazées et brûlées, au moyen d'un procédé organisé rapide. La plupart d'entre eux furent asphyxiés avec le gaz toxique «Zyklon B» de l'entreprise IG-Farben.
– Expérimentations pseudo-médicales pour essayer des substances de combat chimiques, expériences de refroidissement et infections provoquées artificiellement ainsi que stérilisations au cours desquelles d'innombrables personnes trouvèrent la mort dans d'affreuses souffrances. Le camp du Struthof avec ses exécutions de détenus devait être en plus utilisé pour la création d'une «collection de squelettes».

Il faut ajouter qu'en-dehors des camps de concentration il existait des camps spéciaux de la SS et plusieurs «camps de protection des jeunes». En outre, il y avait en Allemagne et dans les pays occupés plus d'une cinquantaine de pénitenciers et 175 prisons. Des exécutions avaient lieu régulièrement dans 21 d'entre eux. D'après les enquêtes du Ministère fédéral de la Justice, il y aurait eu plus de 26.000 exécutions enregistrées de 1937 à 1945.

On estime le nombre de détenus dans les camps de concentration, de prisonniers de guerre et de forçats, à environ 18 millions. 11 millions furent «exterminés» ou ne survécurent pas aux conditions carcérales. La plupart des victimes étaient des juifs, environ 5,1 millions, et des prisonniers de guerre soviétiques, environ 3,3 millions.[2]

Le camp

Plusieurs entreprises économiques faisaient partie comme sociétés prête-noms de l'empire SS, ainsi l'entreprise «Deutsche Erd- und Steinwerke GmbH» (terres et pierres, société à responsabilité limitée).
À la suite d'un voyage d'expertise en septembre 1940, de hauts fonctionnaires nazis, dont le colonel Karl Blum-

1940 wurde der Steinbruch in der Nähe des Struthof für den Abbau des elsässischen Granit ausgewählt. Auch Albert Speer soll an dieser Entscheidung beteiligt gewesen sein, denn er brauchte für die geplanten gigantischen Bauprojekte des „Dritten Reiches" auch den wertvollen Granitstein. Ob er selbst der Abordnung bei der Besichtigungsreise angehörte, kann nicht nachgewiesen werden, obwohl es immer wieder behauptet wird. Gleiches gilt auch für den SS-Führer Hanns Martin Schleyer, der ebenfalls zu den Initiatoren für den Standort Natzweiler-Struthof gehört haben soll. Im Elsass hält sich bis heute hartnäckig das Gerücht, dass Schleyer bei der ersten Besuchergruppe auf dem Struthof dabei gewesen sei. Dokumentarisch kann dies jedoch nicht belegt werden. Hanns Martin Schleyer, hoher SS-Führer während der Nazizeit, später Arbeitgeberpräsident, wurde im Herbst 1977 von RAF-Terroristen ermordet.

Anfang 1941 trafen etwa 300 Häftlinge auf dem Struthof ein, von wo aus mit dem Bau der Wege, Straßen und des Barackenlagers begonnen wurde. Die Häftlinge waren in Behelfsbaracken untergebracht, etwa 800 Meter vom Lager entfernt. Von dort aus mussten sie alle Baumaterialien und Geräte den Hang hinauf schleppen. Die überdurchschnittlich hohe Sterberate zeichnete sich schon beim Bau des Lagers ab. Viele der Häftlinge sind bei der Sklavenarbeit umgekommen, erlebten die „Eröffnung" des Lagers nach einem Jahr nicht mehr.

Das Gesamtlager bestand aus vier Bereichen:
- Das eigentliche oder auch Hauptlager mit den Baracken für die Häftlinge, Gefängnis, Krematorium, Sezierraum, Küche und Revier sowie der Lagerstraße, den Appellplätzen und der Klärgrube. Dieser Bereich ist

KONZENTRATIONSLAGER NATZWEILER-STRUTHOF

Bereits im September 1940 wählte die SS bei Natzwiller (Elsässischer und französischer Name der Gemeinde), 50 Km von Staßburg, das Gelände aus für das einzige im besetzten Frankreich zu errichtende Konzentrationslager. Dieses heißt Natzweiler, eine Verdeutschung von Natzwiller. Die Franzosen haben "Struthof" hinzugefügt, den Namen des Ortes an dem sich, unter anderen Gebäuden, die Kommandatur, die Gaskammer (erhalten) und der provisorische Krematoriumsofen befanden. Der Struthof, ist 700 m vom Hauptlager entfernt. In den Vogesen, in 800 m Höhe gelegen, ist dieses Lager den Witterungsunbilden besonders ausgesetzt. Eröffnung des Lagers am 1. Mai 1941.

Die Zugangswege und eine gewiße Anzahl von Gebäuden waren 1941 beendet. 1943 wurde das Lager erweitert mit einer Gaskammer und einem entsprechenden Krematorium versehen. Nach den Erd- und Bauarbeiten, arbeiteten die Häftlinge hauptsächlich im Steinbruch (Granit) 700 m vom Hauptlager entfernt (maximum 1000 Häftlinge) und ab 1943 in Rüstungsbetrieben in Elsaß-Lothringen und in Deutschland (Häftlinge des Haupt-und der Nebenlager). Von 1941 bis 1945, lag die Gesamtzahl bei 45000 Häftlingen, 10000 im Hauptlager einschließlich 300 Frauen und 35000 in den 70 nebenlagern. Neben einer gewißen Anzahl von Häftlingen verschiedener Kategorien (Bibelforscher, Asoziale, Kriminelle, Homosexuelle......) gab es hauptsächlich politische Häftlinge fast aller europäischer Nationalitäten unter letzteren gab es ab Juli 1943 die NN (Nacht und Nebel) Häftlinge, die einem schnellen und grausamen Tod geweiht waren.

Infolge der rauhen Witterung, Unterernährung, schlechter Behandlung und Tortur, war die Anzhal der Kranken und Invaliden sehr hoch. Personal sowie Ausstattung des Krankenreviers waren ungenügend um dieselben sachgemäß zu betreuen. Unter der Leitung von sogenannten Professoren der deutschen Universität in Straßburg fanden "medizinische" Experimente statt, welche vielen Häftlingen das Leben kostete oder sie verstümmelte.

Zahlreiche Personen wurden erschoßen oder erhängt Ab August 1943 wurden Gruppen von Frauen und Männern regelmäßig ungebracht. Diese Hinrichtungen, die meistens heimlich geschahen, erreichten einen diabolischen Rhythmus kurz vor Auflösung des Lagers. Gewöhnlich wurden diese Leute eigens für ihre Vernichtung ins Lager gebracht; sie verschwanden ohne administrative Spuren zu hinterlassen

Nach Evakuierung aller Häftlinge (Beginn September 1944) wurde das Hauptlager am 22. November 1944 von den Alliierten besetzt; das letzte Nebenlager wurde im April 1945 aufgelöst.

Die Gesamtzahl der Toten betrug für Haupt- und Nebenlager etwa 25000.

INTERNATIONALES NATZWEILER-STRUTHOF KOMITEE

CAMP DE CONCENTRATION DE NATZWEILER-STRUTHOF

Dès septembre 1940 la SS sélectionne le terrain pour le seul camp de concentration installé en territoire français, près de Natzwiller (appellation alsacienne et française de la commune) à 50 kilomètres de Strasbourg. Le nom du camp de concentration est Natzweiller, une germanisation de natzwiller. Les Français y ont ajouté "Struthof", nom du lieu d'implantation de la "Kommandantur" de la chambre à gaz (conservée) et du four crématoire provisoire. Le Struthof est distant de 700 m du camp principal. Situé à 50 kilomètres de Strasbourg dans les Vosges, à une altitude de 800 m, le camp est exposé aux rigueurs du climat. Ouverture du camp le 1er mai 1941.

Les voies d'accès et quelques bâtiments furent achevés en 1941. En 1943 le camp fut agrandi, muni d'une chambre à gaz et d'un nouveau crématoire répondant aux besoins accrus du camp. Après les travaux de terrassements et de construction, les détenus travaillaient essentiellement dans la carrière de granit située à 700 m du camp principal (maximum 1000 détenus) et à partir de 1943 dans les usines de guerre en Alsace-Lorraine et en Allemagne (détenus du camp principal et des camps annexes).

DE 1941 à 1945 l'effectif total était de 45.000 détenus, dont 10.000 au camp principal, y compris 300 femmes et 35.000 détenus dans les 70 camps annexes. En dehors d'un certain nombre de détenus de différents statuts ("scrutateurs de la Bible : Bibelforscher", asociaux, criminels, homosexuels .....), il s'agissait essentiellement de déportés politiques de presque toutes les nationalités européennes. Parmi ces derniers il y avait, à partir de juin 1943, les déportés NN - Nacht und Nebel (Nuit et Brouillard) voués à une mort rapide et cruelle.

En raison des intempéries, de la sous alimentation, du mauvais traitement et des tortures, le nombre des malades et des invalides était très élevé. Le personnel et l'équipement de l'infirmerie étaient insuffisants pour les soigner d'une façon appropriée. Des "professeurs" allemands de l'Université de Strasbourg procédaient à des expérimentations "médicales" dont les résultats étaient en général la mort ou des mutilations graves des victimes.

De nombreuses personnes furent fusillées ou pendues. A partir du mois d'août 1943, on y exterminait régulièrement des groupes de femmes et d'hommes. Ces exécutions étaient pour la plupart clandestines, prirent un rythme diabolique vers la fin de l'existence du camp. Généralement ces personnes furent spécialement amenées au camp pour leur extermination. Elles disparurent sans laisser de traces administratives.

Le camp principal, après évacuation de tous les détenus (début septembre 1944), fut occupé par les Alliés le 22 novembre 1944; le dernier camp fut dissous en avril 1945. Le nombre des morts a été de l'ordre de 25.000 dans le camp principal et ses camps annexes.

COMITE INTERNATIONAL NATZWEILER-STRUTHOF

berg, portèrent leur attention sur des gisements de granit près de la ferme de Struthof. Albert Speer, architecte proche d'Hitler, a apparemment pris part à la décision d'exploiter le précieux granit, en ayant besoin pour les gigantesques plans de construction du «Troisième Reich». Faisait-il partie de la délégation d'expertise? Il y a eu des affirmations dans ce sens, mais pas de confirmation. Il en est de même du SS-Führer Hanns-Martin Schleyer, qui aurait été l'un des initiateurs de l'emplacement de Natzweiler-Struthof. En Alsace, le bruit court toujours que Schleyer faisait partie du premier voyage d'expertise au Struthof. Ceci n'est pas confirmé par les documents. Hanns-Martin Schleyer, haut-fonctionnaire SS dans la période nazie, puis président du patronat allemand, fut assassiné à l'automne 1977 par des terroristes de la RAF (fraction Armée Rouge).

Début 1941, quelques 300 détenus allemands arrivèrent au Struthof et se mirent à construire les chemins, les routes et les baraquements. Ils étaient logés dans des baraques de fortune à environ 800 mètres du lieu de travail. C'est de là qu'ils devaient remonter la pente en traînant tous les matériaux de construction et les outils. Le taux de mortalité, bien au-dessus de la moyenne, marquait déjà la construction du camp. De nombreux détenus ont succombé à ce travail d'esclave, un an avant «l'ouverture» du camp.

Le camp comprenait quatre secteurs:
- Le camp proprement dit ou camp central avec les baraques pour les détenus, la prison, le crématoire, la salle de dissection, la cuisine et l'infirmerie ainsi que la route du camp, les places pour l'appel et la fosse septique. Cette partie est restée partiellement conservée, et on en a une vue d'ensemble depuis le terrain devant le portail du camp.

teilweise erhalten geblieben und von dem Gelände vor dem Lagertor aus überschaubar.

Das Lager war mit einem doppelten Stacheldrahtzaun abgesichert. Die innere Umzäunung stand unter Hochspannung. Zugleich waren in diesem Bereich ständig Wachposten der SS mit Hunden. Acht Wachtürme mit Maschinengewehren und Scheinwerfern waren Tag und Nacht im Einsatz. Innerhalb dieses Absicherungssystems befanden sich 17 Baracken, von denen nur noch vier erhalten geblieben sind. Die Flächen, auf denen früher die abgerissenen Baracken standen, sind besonders gekennzeichnet, jeweils auch mit einem weißen Gedenkstein, der an eines der anderen KZ-Lager erinnert. Das Lager war ursprünglich für etwa 1.500 Häftlinge vorgesehen. Eine Baracke für 150 bis 200 Insassen hatte jeweils eine Länge von 44 Metern und eine Breite von 12 Metern. Später pferchte die SS 650 bis 700 Häftlinge hinein. Stieg die Häftlingszahl im Vergleich zu anderen KZ-Lagern zunächst nur langsam an, so waren es bereits Ende 1943 etwa 2.000 Häftlinge, 1944 ungefähr 7.000 bis 8.000 Häftlinge.

– Außerhalb des Lagers waren die Baracken für die SS-Mannschaften, Kommandantur, Lagerräume, Schreibstuben, Verwaltung, Gartenanlagen, Hundezwinger, Villa des Kommandanten usw. Die Gebäude waren teilweise dort, wo heute das Memorial und die Gräber sind. Hier standen die Werkstätten, die Lagerräume, verschiedene Handwerker- und Dienstbaracken. Die Wohnbaracken für die SS befanden sich etwa dort, wo heute die Parkplätze sind, teils auch unterhalb dieses Geländes. Erhalten geblieben ist hier lediglich die Villa des Kommandanten mit dem Schwimmbad. Dieser Bereich des Lagers war mit Standplätzen für Posten und der „Großen Postenkette" abgesichert.

– Der Struthof mit Kleiderlager, Proviantträumen, SS-Kantine, Büros für die Bauleitung bzw. die Leitungen für die Arbeitskommandos, Hotel (!) und Gaskammer. Dieser Bereich war ebenfalls großräumig durch Postenketten abgesperrt. Hier wurden für die SS-Küche auch Schweine, Schafe, Kühe und Hühner gehalten.

La sécurité du camp était assurée par une double clôture de barbelés, la clôture intérieure étant à haute tension. Dans cette partie, il y avait aussi constamment des sentinelles SS avec des chiens. Huit miradors avec projecteurs et mitrailleuses fonctionnaient jour et nuit. À l'intérieur de ce système de sécurité, se trouvaient 17 baraquements, dont seuls quatre sont conservés. Les surfaces sur lesquelles étaient les baraques démolies sont marquées par des pierres blanches commémoratives rappelant les autres camps de concentration.

À l'origine, le camp était prévu pour 1.500 détenus. Un baraquement de 44 m de long et 12 m de large était prévu pour 150 à 200 détenus. Plus tard, la SS y entassait 650 à 700 prisonniers. Au début, le nombre de prisonniers n'a augmenté que lentement par rapport aux autres camps de concentration. Mais à partir de 1943, on comptait 2.000 détenus, et en 1944 environ 7.000 à 8.000.

– Les baraques pour les troupes SS, l'état-major, les entrepôts, les bureaux, l'administration, les jardins, les chenils, la villa du commandant, entre autres, se situaient à l'extérieur du camp. Les bâtiments étaient en partie là où se trouvent aujourd'hui le mémorial et les sépultures.

C'est là qu'étaient les ateliers, les entrepôts ainsi que des baraques de services. Les baraques de logement pour les SS se situaient là où sont aujourd'hui les parkings, et en partie en-dessous de ce terrain. Seules la villa du commandant et sa piscine sont restées. Cette partie du camp était surveillée par des sentinelles et la grande ligne d'avant-postes.

– Il y avait au Struthof un entrepôt à habits, des salles d'approvisionnement, une cantine SS, des bureaux pour la direction des travaux et les directions des kommandos de travail, un hôtel (!) et la chambre à gaz. Cette partie était également barricadée par des avant-postes. Pour la cuisine SS, on gardait des porcs, des moutons, des vaches et des poules.

– La carrière avec ses différents commandos de travail. Le terrain est à environ 700 mètres au-dessus du camp.

– Der Steinbruch mit seinen verschiedenen Arbeitskommandos. Das Gelände liegt etwa 700 Meter oberhalb des Lagers; ein Hinweisschild erinnert daran. Hier wurde zunächst der wertvolle Granitfelsen abgebaut, der durch die SS-Organisation „Deutsche Erd- und Steinwerke GmbH" zum Verkauf kam. Mit der Ausweitung des Krieges, der Strukturveränderung im KZ-Lagersystem zu ausschließlich rüstungs- und kriegsorientierten Arbeiten entstand hier binnen kurzer Zeit ein völlig neuer Arbeitsbereich. Es wurden mehrere Arbeits- und Lagerhallen für die Demontage von Flugzeugmotoren gebaut. Ein Teil der Häftlinge wurde sogar in besonderen Baracken untergebracht und musste abends nicht mehr ins Hauptlager zurück. Dieser Bereich „Steinbruch" hatte eine besondere Stacheldrahtumzäunung.

Fluchtmöglichkeiten aus dem Lager heraus waren aufgrund der Absicherungsmaßnahmen kaum denkbar, und es soll sie – bis auf eine erfolgreiche Flucht – auch nicht gegeben haben. In den frühen KZ-Lagern wie z.B. Dachau und Buchenwald, in denen politische Häftlinge eine illegale organisierte Widerstandstätigkeit betreiben, auch mit Kontakten zu Widerstandsgruppen außerhalb der Lager, waren Fluchtversuche als organisierte Aktion eher möglich.

Bei der gelungenen Flucht im August 1942 handelt es sich um fünf Flüchtlinge, die in der Autoreparaturwerkstatt und in der Kleiderkammer unter günstigen Bedingungen arbeiteten. Mit SS-Uniformen bekleidet sollen sie mit dem Auto des Lagerkommandanten bei Einbruch der Nacht durch das Lagertor gefahren sein, wobei die wachhabenden SS-Leute in Habacht-Stellung ihre Gewehre präsentiert hätten. Dem Organisator der Flucht, Martin Winterberger, einem Franzosen aus dem Elsass, gelang es, die französische Armee in Algerien zu erreichen. Mit ihr kam er als Befreier wieder zurück. Die anderen vier Häftlinge wurden gefasst.

Anfang Juli 1943 sollen russische Häftlinge versucht haben zu flüchten. Sie wurden wieder gefangen.

C'est ici qu'on a d'abord exploité le précieux granit qui fut ensuite vendu par l'organisation SS «Deutsche Erd- und Steinwerke GmbH». Avec l'extension de la guerre et les changements structurels du système concentrationnaire vers des travaux orientés uniquement vers l'armement et la guerre, c'est un secteur de travail tout nouveau qui s'est développé ici en l'espace de peu de temps. Des hangars furent érigés pour le démontage de moteurs d'avions. Une partie des détenus fut même hébergée dans des baraques spéciales, et ils ne devaient plus retourner au camp central le soir. Cette partie, la «carrière», avait une clôture de barbelés.

Les possibilités d'évasion du camp étaient pratiquement inconcevables en raison des mesures de sécurité déjà évoquées, et en fait il n'y eut qu'une évasion. Dans les premiers camps de concentration par exemple de Dachau et de Buchenwald, dans lesquels les détenus politiques avaient organisé une action de résistance illégale et avaient des contacts avec des réseaux de résistance en-dehors du camp, l'organisation de tentatives d'évasion était par contre possible.

Les cinq détenus qui arrivèrent à s'enfuir le 4 août 1942, travaillaient dans l'atelier de réparations d'autos et dans l'entrepôt d'habits. Habillés d'uniformes SS, ils ont apparemment traversé la porte du camp avec l'auto du commandant à la tombée de la nuit – les SS de garde auraient présenté les armes. L'organisateur de l'évasion, l'alsacien Martin Winterberger, réussit à rejoindre l'armée française en Algérie. Il revint en France comme libérateur. Les quatre autres détenus furent repris.

Début juillet 1943, des détenus russes tentèrent de s'évader, mais furent également repris.

NN-Häftlinge im Struthof

Im Juni 1943 wurde eine größere Anzahl Norweger als NN-Häftlinge eingeliefert. Es folgten Häftlinge aus Frankreich, Holland, Belgien und Luxemburg. Sie alle trugen die zwei Buchstaben NN in greller Ölfarbe, meistens rot aufgetragen, auf ihrer Kleidung, auf dem Rücken und an den Beinen.

Im September 1943 kam aus dem Reichssicherheitshauptamt in Berlin die Anordnung an die Lagerkommandanten mehrerer KZ-Lager, alle NN-Häftlinge germanischer Abstammung in das KZ-Lager Natzweiler „zu über-

Les détenus NN au Struthof

En juin 1943, de nombreux Norvégiens furent envoyés au Struthof en tant que détenus NN. Puis ce furent des détenus venant de France, de Belgique, de Hollande et du Luxembourg. Ils étaient tous marqués NN, peints sur leurs vêtements, sur le dos et sur les jambes, avec des couleurs vives, le plus souvent rouges.

En septembre 1943, le service de «sécurité du Reich» de Berlin envoya un décret aux commandants de camps de plusieurs KZ, stipulant l'envoi de tous les détenus NN d'origine germanique dans le camp de concentration de

stellen". Dies mit dem ausdrücklichen Befehl, die Vernichtungsspur zu verwischen, bei Nachfragen des Roten Kreuzes oder anderer Dienststellen keinerlei Auskunft „über den Verbleib von NN-Häftlingen" zu geben.

Ein Lagerinsasse berichtet über die erste Begegnung mit NN-Häftlingen:

„Wir hatten fast keinen Kontakt mit diesen Häftlingen. Wir stellten uns Fragen über die Ursache dieser besonderen Markierung und auch strengeren Behandlung. Auch suchten wir, die Bedeutung der beiden Buchstaben zu ergründen. Da, wie wir bald feststellten, es sich bei diesen Häftlingen um Norweger handelte, dachten wir, dass die Bezeichnung ‚NN' etwas mit ihrer Nationalität zu tun hätte. Ein paar Wochen später, als auch Franzosen mit dieser NN-Bezeichnung kamen, mussten wir diese Theorie fallen lassen. Inzwischen hatte man auch begonnen, von einer Abkürzung ‚Nacht und Nebel' zu sprechen und schließlich wurde diese Deutung allgemein als die Richtige angenommen. (…) Es hieß, diese Häftlinge sollten bei Nacht und Nebel zu Tode gequält werden. Die Deutschen hatten aus irgend einem Grund von einer direkten Ermordung oder Hinrichtung dieser Person abgesehen, und wollten sie nun langsam, aber bestimmt, in den Tod treiben. Über Art und Weise ihres Todes sollte Unsicherheit bleiben. Ihr Verschwinden sollte unbemerkt von der Außenwelt geschehen, ohne Hinterlassung von Spuren.*

Im Lager selbst und auch auf den verschiedenen Arbeitsplätzen wurden die NN-Häftlinge strenger behandelt als die anderen KZ-Häftlinge. Sie erhielten weniger zu essen und bekamen zum Beispiel keine Mütze; dies war wegen der extremen Witterungsverhältnisse eine sehr schwere gesundheitliche Belastung. Im Lager wurden sie in besonderen Baracken untergebracht. Sie hatten während mehrerer Monate keinen Zugang zum Revier und kein Anrecht auf ärztliche Betreuung. Auf dem Arbeitsplatz kamen sie in besondere Kommandos (Kartoffelkeller, Steinbruch) und wurden dort für die schwersten und unangenehmsten Arbeiten herangezogen. Sie wurden ständig von SS-Leuten und Kapos besonders hart geschunden.

Natzweiler. Avec l'ordre explicite de ne donner aucun renseignement sur la «demeure» des détenus NN lors des requêtes de la Croix Rouge ou d'autres services, afin d'effacer toute trace d'extermination.

Un détenu raconte sa première rencontre avec des NN incarcérés:

«Nous n'avions presque aucun contact avec ces détenus. Nous nous posions des questions sur la raison de cette démarcation particulière et des traitements plus sévères. Nous essayions aussi de trouver la signification des deux lettres. Nous avions rapidement constaté qu'il s'agissait de détenus norvégiens et pensions donc que la dénomination ‹NN› était en rapport avec la nationalité. Nous dûmes renoncer à cette théorie à la venue de Français avec cette marque NN. Entre-temps, on avait également commencé à parler de l'abrévation ‹Nuit et brouillard›, et finalement cette interprétation fut considérée comme juste … Cela signifiait que ces détenus devaient être martyrisés jour et nuit à mort. Les Allemands avaient pour quelque raison inconnue renoncé à exterminer ou exécuter directement ceux-ci, voulant les pousser à une mort lente mais sûre. L'incertitude devait régner sur la façon dont ils mouraient. Leur disparition devait avoir lieu sans être perçue par le monde extérieur, sans laisser de traces.*

Dans le camp même et aussi au travail, les détenus NN étaient traités plus durement que dans les autres pénitenciers. Ils avaient moins à manger, et n'avaient par exemple pas de bonnet; en raison des conditions atmosphériques extrêmes, ceci représentait un handicap lourd pour la santé. Dans le camp, on les hébergeait dans des baraques spéciales. Pendant plusieurs mois, ils n'avaient pas accès à l'infirmerie et n'avaient pas droit à des soins médicaux. Au travail, ils étaient affectés dans des kommandos particuliers (cave de pommes de terre, carrière), aux tâches les plus dures et les plus désagréables. Ils étaient constamment et particulièrement tyrannisés par les SS et les Kapos.

*Les détenus NN restaient plus longtemps que les autres après leur arrivée dans le kommando des ‹nouveaux-ve-

Die NN-Häftlinge sind länger als gewöhnlich im ‚Zugängerkommando' geblieben – oder, wie dieses Kommando kurz nach ihrer Ankunft hieß, im ‚Kartoffelkellerkommando'.³ Bei diesen Häftlingen hat es öfters als bei anderen beim Ausrücken geheißen ‚soundso viel Leute müssen hereingetragen werden', das heißt, müssen nach der Schicht halb oder ganz tot sein. Die Anzahl derjenigen, die so vom Arbeitsplatz ins Lager getragen werden mussten, war sehr groß. Das Los dieser Menschen wurde jedoch noch bedeutend verschlechtert durch eine Anordnung des Lagerführers Seuss, gemäß dieser Leute kein Anrecht hätten auf ein Mittagessen, weil sie angeblich ‚nicht arbeiten würden und so faul wären, dass sie sich von der Arbeit nach Hause tragen ließen'. Während wir und die anderen NN-Häftlinge am Mittag unsere Suppe zu uns nahmen, mussten diese halbtoten Menschen auf dem Appellplatz stehen (wenn sie dazu noch fähig waren) oder liegen. (...)

*Diese Behandlung zeigte ganz klar die Absicht: Diese Häftlinge mussten langsam, aber unaufhörlich in den Tod getrieben werden (...)"*⁴

Frauen im Struthof

Über die Anzahl von Frauen, die im Struthof inhaftiert wurden, gibt es keine genauen Angaben. Die US-amerikanische Journalistin Sonia Tomara, die im Dezember 1944 den Struthof besuchte, erwähnt in einem Artikel für die New York Herald Tribune 1.665 Frauen – eine Zahl, die bei allen anderen Veröffentlichungen nicht wieder auftaucht. Realistischer scheint die Zahl von 300 Frauen im Hauptlager, die vom Internationalen Komitee Natzweiler-Struthof angegeben wird.

Erst später entdeckte man die medizinischen Versuche, die in der Straßburger Universität an Körpern von vergasten, meist jüdischen sowie Sinti- und Roma-Frauen im Struthof vorgenommen wurden. Man weiß auch, dass zahlreiche Frauen von den Bewohnern des Nachbardorfs Rothau gesehen wurden. Der Tod von vielen Häftlingen aus Nebenlagern, ob Frauen oder Männern, und ihre Verbrennung im Krematorium, wurden jedoch im Hauptla-

nus› – appelé aussi le kommando de la cave de pommes de terre.³ Lors des sorties, on disait souvent de ces détenus: ‹il faut porter un nombre x de personnes›, c'est-à-dire qu'ils devaient être morts ou mourants après la journée de travail. Le nombre de ceux qui devaient être transportés du lieu de travail au camp était très élevé. Le destin de ces hommes empira encore avec le décret de l'adjudant-chef du camp Seuss, selon lequel ces gens n'auraient pas droit au déjeuner puisqu'apparemment ‹ils ne travaillaient pas et étaient tellement paresseux qu'ils se laissaient porter du travail jusqu'à chez eux›. Tandis que les autres détenus NN et nous-mêmes mangions notre soupe du midi, ces hommes devaient rester debout (quand ils en étaient encore capables) ou allongés sur la place de l'appel (...)

*Le but de ces traitements était évident: Ces détenus devaient être poussés à la mort, lentement mais sûrement (...)»*⁴

Les femmes au Struthof

Il n'existe pas de données exactes sur le nombre de femmes internées au Struthof. La journaliste américaine Sonia Tomara, qui visita le Struthof en décembre 1944, évoque dans un article pour le New York Herald Tribune 1.665 femmes incinérées dans le four crématoire du camp – un chiffre qui n'apparaît dans aucune autre publication. Le chiffre de 300 femmes au camp principal indiqué par le Comité international Natzweiler-Struthof est plus proche de la réalité.

Ce n'est que plus tard qu'on découvrit les expériences médicales effectuées à l'université de Strasbourg sur les corps de femmes asphyxiées au Struthof, pour la plupart juives et tziganes. On sait aussi que de nombreuses femmes ont été vues par les habitants du village voisin de Rothau. Mais la mort de nombreux prisonniers – hommes et femmes – de camps annexes et leur incinération au crématoire de Natzweiler-Struthof n'ont pas été enregistrées au camp principal. Cela concerne en particulier les hommes et les femmes qui arrivèrent au camp à partir de 1943, de

ger nicht registriert. Es gibt die Zeugenaussage des luxemburgischen Studenten Lutz 1949, die die französischen und luxemburgischen Kommissare und Inspekteure zitieren: „Bei jeder geplanten Hinrichtung von Frauen zogen Nitsch und der damalige SS-Arzt, dessen Namen ich nicht kannte, ihre Galauniform an. Im Lager wurde gesagt, dass diese zwei SS die Frauen vergewaltigten, bevor sie hingerichtet wurden."

Die Hinrichtung von vier Kundschafterinnen der S.O.E. (Special Operations Executive), eines Geheimdienstes, der die Sabotage und den Krieg im Untergrund in den besetzten Ländern koordinierte, wurde Mitte der 1990er Jahre rekonstruiert. Eine der S.O.E.-Sektionen, das Netzwerk Buckmaster, schickte mehr als 400 Kundschafter nach Frankreich, darunter 39 Frauen. Vier von ihnen wurden im Struthof hingerichtet. Am 6. Juli 1944 sahen Häftlinge, die Gräben zogen, vier Frauen eintreffen: Andrée Borrel, eine 1919 geborene Französin, die erste Frau, die in Frankreich mit dem Fallschirm absprang, die 1903 geborene Engländerin Vera Leigh, die 1943 in Paris vernommen und in Fresnes verhaftet wurde. Die französische Jüdin Sonia Olschanzky (geb. 1923), im Drancy-Lager zunächst interniert, hatte sich an der Sabotage eines Munitionszuges in Melun beteiligt, wurde 1944 in Fresnes verhaftet und zum Struthof gebracht. Diana Rowden, 1915 geboren und in Frankreich und England aufgewachsen, hatte an der Sabotage des im Dienste der Wehrmacht und der Luftwaffe arbeitenden Peugeot-Werkes in Sochaux teilgenommen und wurde im November 1943 von einem Doppelagenten der Gestapo ausgeliefert. Vom Fresnes-Gefängnis aus wurden die vier Frauen zunächst zum Frauengefängnis nach Karlsruhe gebracht, dann zum Struthof geschickt und im Zellenbau eingesperrt. Am 6. Juli wurden sie dem Krematorium zugeführt. Dort sagte man ihnen, sie würden eine Spritze gegen Typhus bekommen, sie wurden durch Phenolspritze getötet. Heute gibt es eine Gedenktafel für die Frauen neben dem Ofen des Krematoriums.

Eine andere Gedenktafel erinnert an die 108 Kundschafter des Netzwerks Alliance, die in der Nacht vom 1. September ermordet wurden – unter ihnen 15 Frauen.

nationalité française, polonaise ou soviétique. Il y a le témoignage de l'étudiant luxembourgeois Lutz en 1949, que les commissaires et inspecteurs luxembourgeois citent: «A chaque fois que les femmes devaient être exécutées, Nitsch et le médecin S.S. de l'époque dont je n'ai pas su le nom, revêtaient leur uniforme de gala. Il a été dit dans le camp que ces deux S.S. violaient ces femmes avant de les exécuter.»

L'exécution de quatre agents féminins du S.O.E. (Special Operations Executive, Bureau des opérations spéciales), des services secrets dont le but était de coordonner les actes de sabotage et de guerre clandestine dans les pays occupés, a été reconstituée au milieu des années 1990. L'une des sections du S.O.E., le réseau Buckmaster, envoya à l'époque plus de 400 agents en France, dont 39 femmes. Quatre d'entre elles furent exécutées au Struthof. C'est le 6 juillet 1944 que les détenus creusant des tranchées virent arriver quatre femmes: Andrée Borrel (née en 1919), Française, la première femme à être parachutée en France, l'Anglaise Vera Leigh (née en 1903), arrêtée à Paris en 1943 et détenue à Fresnes. La juive française Sonia Olschanzky (née en 1923), internée au camp de Drancy, participa au sabotage d'un train de munitions à Melun et fut incarcérée début 1944 à Fresnes puis au Struthof. Diana Rowden, née en 1915, élevée en France et en Angleterre, avait participé au sabotage de l'usine Peugeot de Sochaux (au service de la Wehrmacht et de l'Armée de l'air) et fut livrée en novembre 1943 par un agent double à la Gestapo. De la prison de Fresnes, les quatre femmes furent d'abord conduites à la prison de femmes de Karlsruhe, puis envoyées au Struthof, dans la cellule du Bunker. Le 6 juillet, elles furent conduites au crématoire. Là, on leur dit qu'on leur ferait une piqûre contre le typhus, en fait on leur fit une injection de phénol. Aujourd'hui, une plaque commémorative est située près du four crématoire.

Une autre plaque commémorative évoque les 108 agents du réseau Alliance massacrés dans la nuit du 1er septembre 1944 – parmi ceux-ci, une quinzaine de femmes.

Einige Nebenlager und Außenkommandos waren entweder reine Frauenlager oder es gab dort sehr viele Frauen. So zum Beispiel im Außenkommando Ebange im Norden von Thionville im Departement Moselle, wo 500 Frauen aus dem KZ Auschwitz in den Hermann-Göring-Werken arbeiten mussten. Dort blieben sie übrigens nur vom 24. August bis zum 2. September 1944; die Überlebenden wurden nach Ravensbrück deportiert. Einigen Frauen gelang die Flucht.

In Deutschland gab es vier Außenkommandos mit rund 2.850 Frauen. Unter diesen: das am 25. Juli 1944 eingerichtete Außenkommando von Geislingen/Steige in Baden-Württemberg, wo rund 800 Frauen in Baracken untergebracht waren und zwölf Stunden täglich für das Kriegswerk „Württembergische Metallwarenfabrik" schufteten. Im Nebenlager von Mörfelden-Walldorf (seit August 1944) mussten 1.700 jüdische Ungarinnen aus dem KZ Auschwitz Bäume fällen und Erde aufschütten für den Ausbau einer Flughafen-Startbahn, im Auftrag der „Züblin A.G.". Das Lager wurde Ende November evakuiert und die Frauen wurden nach Ravensbrück und Auschwitz deportiert. 1998 lehnte das Stuttgarter Bauunternehmen Züblin Zahlungen an die Zwangsarbeiterinnen ab.

Im Lager Geisenheim in Hessen arbeiteten 200 jüdische Frauen polnischer und ungarischer Herkunft aus den KZ Auschwitz und Bergen-Belsen für die „Friedrich Krupp Eisenwerke". Das Lager wurde Ende März 1945 in Richtung Dachau evakuiert. Im Außenkommando von Calw in der Nähe von Sindelfingen (Baden-Württemberg) gab es zwischen 150 und 200 weibliche Häftlinge aus dem KZ Flossenburg, die in der Produktion von Flugzeugteilen für die Luftfahrtgerätegesellschaft „Lufag" arbeiteten. Ein Teil der Frauen wurde nach Geislingen, dann in Richtung Dachau verschleppt.

Il faut également noter que dans certains camps annexes et commandos extérieurs il n'y avait que des femmes, ou en grande majorité. Ainsi dans le kommando extérieur de Ebange en Moselle, au nord de Thionville, où 500 femmes en provenance du KZ d'Auschwitz devaient travailler dans une usine (Hermannn-Göring-Werke). Elles n'y restèrent d'ailleurs que du 24 août au 2 septembre 1944, d'où les survivantes furent déportées à Ravensbrück. Quelques femmes réussirent à s'évader.

En Allemagne, il y avait quatre camps extérieurs avec environ 2.850 femmes. Parmi ceux-ci: le kommando extérieur de Geislingen/Steige dans le Bade-Wurtemberg créé le 25 juillet 1944 et dans lequel environ 800 femmes logées dans des baraques travaillaient 12 heures par jour pour l'usine de guerre «Württembergische Metallwarenfabrik». Au camp annexe de Mörfelden-Walldorf installé en août 1944, 1.700 femmes juives hongroises en provenance du KZ Auschwitz travaillaient pour la «Züblin A.G.» dans des travaux d'abattement d'arbres d'une forêt et de terrassement, en vue de la construction de pistes d'atterrissage pour l'aéroport. Le camp fut évacué fin novembre, les femmes furent transférées à Ravensbrück et à Auschwitz. En 1998, l'entreprise de bâtiment Züblin de Stuttgart a refusé de payer des indemnités aux anciennes forçates.

Dans le camp de Geisenheim près de Bingen en Hesse, 200 femmes juives de Pologne et de Hongrie en provenance des KZ Auschwitz et Bergen-Belsen, travaillaient pour les usines «Friedrich Krupp Eisenwerke». Le camp fut évacué fin mars 1945 en direction de Dachau. Dans le kommando extérieur de Calw près de Sindelfingen en Bade-Wurtemberg, on note 150 à 200 détenues venant du KZ Flossenburg et travaillant pour l'entreprise «Lufag» (Luftfahrtgerätegesellschaft) dans la production de pièces détachées pour avions. Une partie des femmes fut transférée à Geislingen, puis en direction de Dachau.

Medizin ohne Menschlichkeit

Das relativ kleine KZ-Lager Struthof war für die SS, den berüchtigten SS-Arzt August Hirt, eine wichtige medizinische Versuchsstation. Er hatte ab Oktober 1941 den Lehrstuhl für Anatomie, Histologie und Entwicklungsgeschichte an der Reichsuniversität Straßburg inne. 1933 war er in die SS und 1937 in die NSDAP eingetreten und hatte es in seiner Karriere bis zum Professor und SS-Hauptsturmbannführer gebracht. Hirt war einer der Starmediziner im NS-System. Vom IG-Farben-Konzern frühzeitig auch finanziell gefördert, hatte er zugleich das besondere Vertrauen des Reichsführers der SS, Heinrich Himmler, der auch Präsident der rassenideologischen Vereinigung „Das Ahnenerbe" war. Hirt und seine Mitarbeiter hatten für ihre medizinischen Verbrechen mit dem KZ-Lager Struthof, nur wenige Kilometer von Straßburg entfernt, enormes „Menschenmaterial" uneingeschränkt zur Verfügung, konnten hier KZ-Häftlinge wie Laborratten benutzen. Sie konnten auch Häftlinge aus anderen KZ-Lagern anfordern, wie aus Auschwitz und Ravensbrück.

Zunächst ging es ihnen um wehrwissenschaftliche Zweckforschungen für die Kriegsführung, wie z.B. die Wirkung von Narkotika und Kampfgiften auf den Stoffwechsel des Zentralnervensystems, Malariaschutz, die Einwirkung von Lost (Giftgas) auf die Atmung, Fleckfieberversuche. Menschenversuche im Lager Struthof galten auch der biologischen Kriegsführung.

Ferdinand Holl, Häftling im Lager Struthof, berichtete im Nürnberger Ärzteprozess über die Versuche mit flüssigem Giftgas, bei denen Hirt die Aufsicht hatte: Die Häftlinge hätten nackt im Laboratorium antreten müssen und oberhalb des Unterarms eine Flüssigkeit aufgeschmiert bekommen. Zehn Stunden danach stellten sich am ganzen Körper Brandwunden ein: *„Da, wo die Ausdunstungen von diesem Gas hinkamen, war der Körper verbrannt. Zum Teil wurden die Leute blind. Das waren kolossale Schmerzen, sodass es kaum noch auszuhalten war, sich in der Nähe dieser Kranken aufzuhalten. Dann wurden die Kranken jeden Tag fotografiert, und zwar sämtliche wun-*

Médecine sans humanité

Le camp de concentration du Struthof, relativement petit, représentait un champ d'expériences médicales important pour la SS et le docteur SS August Hirt, dont la mauvaise réputation était connue. Celui-ci occupait la chaire d'université du Reich de Strasbourg, département anatomie, histologie et histoire de l'évolution. Il était entré dans les rangs de la SS en 1933, avait adhéré au parti nazi NSDAP en 1937, et avait fait carrière en tant que professeur d'université et Hauptbannführer. Hirt était l'un des médecins-stars du système nazi. Tôt soutenu par le IG-Farben-Konzern, aussi du point de vue financier, il jouissait de la confiance particulière du Reichsführer de la SS, Heinrich Himmler, également président de l'association idéologique raciste «Das Ahnenerbe». Pour leurs crimes de médecine, Hirt et ses collaborateurs possédaient avec le camp de concentration du Struthof à quelques kilomètres de Strasbourg un «matériel humain» à leur entière disposition, et ils pouvaient se servir des détenus comme de rats de laboratoires. Ils pouvaient également «commander» des détenus d'autres camps de concentration, comme à Auschwitz et à Ravensbrück.

Au départ, il s'agissait de recherches scientifiques à but militaire pour la conduite de la guerre, par exemple sur l'effet des narcotiques et des gaz toxiques sur le processus métabolique du système nerveux, sur la protection du paludisme, sur l'influence du gaz toxique sur la respiration, sur les expériences de fièvre pourprée. Les expériences sur les humains au camp du Struthof servaient aussi à la poursuite de la guerre biologique.

Ferdinand Holl, un détenu du camp Struthof, a lors du procès des médecins à Nuremberg témoigné sur les expériences avec un gaz toxique liquide sous la surveillance de Hirt: Les détenus devaient entrer nus dans le laboratoire – on enduisait la partie au-dessus de l'avant-bras d'un liquide: Dix heures après, tout le corps avait des brûlures: *«Le corps était brûlé là où il y avait eu contact avec les émanations du gaz. Les hommes devenaient en partie aveugles. C'étaient de terribles douleurs à peine supporta-*

den Stellen, d. h. sämtliche verbrannten Stellen. Ungefähr am 5./6. Tag hatten wir den ersten Toten."⁵

Der zweite Schwerpunkt war das Projekt „Das Ahnenerbe", und Struthof war dafür reserviert. Hirt unterbreitete den Vorschlag, eine „jüdisch-bolschewistische Schädelsammlung" zu schaffen:

„*Nahezu von allen Rassen und Völkern sind umfangreiche Schädelsammlungen vorhanden. Nur von den Juden stehen der Wissenschaft so wenig Schädel zur Verfügung, daß ihre Bearbeitung keine gesicherten Erkenntnisse zuläßt. Der Krieg im Osten bietet uns jetzt die Gelegenheit, diesem Mangel abzuhelfen. In den jüdisch-bolschewistischen Kommissaren, die ein widerliches aber charakteristisches Untermenschentum verkörpern, haben wir die Möglichkeit, ein greifbares wissenschaftliches Dokument zu erwerben, indem wir uns ihre Schädel sichern.*"

Hirts Interesse galt weiterhin der Skelettsammlung und der Untersuchung männlicher Hoden. Nach der Befreiung wurden Leichenteile und Präparate im Laboratorium in Straßburg gefunden.

Die Gaskammer

Die Gaskammer des KZ-Lagers Struthof, unterhalb des ehemaligen Hauptlagers und unmittelbar neben der Gaststätte (!), diente ausschließlich den pseudomedizinischen Menschenversuchen, nicht aber zur Massenvernichtung wie in den großen Vernichtungslagern im Osten.

Sie war für Hirts „Judensammlung" und für Giftgasversuche gebaut worden. Daran war auch Otto Bickenbach maßgeblich beteiligt. Er war Führer der NS-Dozentenschaft in München, ab April 1934 stellvertretender Direktor der Medizinischen Klinik in Freiburg und seit November 1941 Professor an der Universität Straßburg und Leiter der Medizinischen Poliklinik.

Von den Verbrechen in der Gaskammer sind bekannt geworden:
– Mindestens 130 Häftlinge wurden ermordet, für Hirts „Skelettsammlung".

bles, et il était donc très dur de se trouver près de ces malades. Chaque jour, ceux-ci étaient photographiés, c'est-à-dire les parties blessées, brûlées. Au bout de cinq à six jours, le premier d'entre eux était mort.» ⁵

Le Struthof se consacrait d'autre part aux recherches raciales et héréditaires, – le projet «Ahnenerbe» (héritage des aieuls). Hirt fit la proposition de faire une collection de crânes juifs-bolchéviques:

«*Il existe d'importantes collections de crânes de presque toutes les races. Cependant il n'existe que très peu de spécimens de crânes de la race juive permettant une étude et des conclusions précises. La guerre à l'est nous fournit une occasion de remédier à cette absence. En nous assurant des crânes des commissaires juifs-bolchéviques, qui représentent le sous-homme typique et répugnant, nous avons la possibilité d'acquérir des documents scientifiques concrets.*»

Hirt s'intéressait aussi à la collecte de squelettes et à l'examen des testicules mâles. Après la libération, on a trouvé des morceaux de cadavres et des préparations chimiques dans le laboratoire de Hirt à Strasbourg.

La chambre à gaz

La chambre à gaz du camp de concentration Struthof, située en-dessous du camp principal juste à côté de l'auberge (!), servait exclusivement aux expérimentations pseudo-médicales sur des êtres humains et non pas à l'extermination de masse comme dans les grands camps d'extermination à l'est.

Elle avait été construite pour la «collection de crânes juifs» de Hirt et pour les expériences de gaz toxiques. Otto Bickenbach y était largement impliqué. C'était le Führer du corps professoral nazi à Munich, sous-directeur de la Clinique de médecine à Fribourg à partir de 1934 et professeur à l'université de Strasbourg tout comme directeur de la Policlinique médicale à partir de novembre 1941.

Parmi les crimes commis dans la chambre à gaz:
– Plus de 130 détenus furent exécutés pour la «collection de squelettes de Hirt.

- Im Juni 1943 führte Bickenbach Gasversuche an etwa 153 Personen durch. Von jeder Gruppe starben daran sieben oder acht.
- Bis zum Sommer 1944 war Bickenbach an weiteren „Versuchsreihen" beteiligt, bei denen mindestens zehn Häftlinge getötet wurden. Es ist nicht bekannt, wie viele Häftlinge an Folgeschäden gestorben sind.

GASKAMMER

Vor dem Krieg war das Struthofgelände eine beliebte Wintersportstation für Strassburger Skifreunde. Schon 1930 wurde hier deshalb ein Hotel für Skifahrer und Wanderer errichtet. Dieses Nebengebäude diente als Unterkunft, Essraum und sogar als Tanzlokal. Als die Nazis beschlossen, zwei Kilometer weiter ober-halb der Gemeinde Natzwiller ein Konzentrationslager zu errichten, wurde das Hotel beschlagnahmt und als Hauptquartier benutz.

Im August 1943 wurde, auf Befehl aus Berlin und auf Antrag der SS Ärzte des Lagers diese ehemalige Unterkunft, die dem Hotel gegenüber lag, in eine Gaskammer umgebaut. Sie sollte den Versuchen an den Häftlingen, die aus den Lagern aus dem Osten kamen : Auschwitz, Maïdaneck, Treblinka, dienen.

In zwei Sondertransporten kamen 87 Juden und Zigeuner in den Struthof, darunter 30 Frauen um als menschliche Versuchsobjekte zu dienen, sowohl für pseudomedizinische Versuche wie Experimente zur Behandlung von Giftgasbeschädigten.

Die unglücklichen Opfer wurden in diesem hermetisch geschlossenen Raum eingesperrt, während der Lagerkommandant Kramer persönlich die Vergasung vornahm : von aussen, durch die Maurer, liess er Wasser auf Zyankalikristalle einwirken mittels eines Rohres an dessen Ende sich ein Trichter befand, der mit einem Absperrhahn versehen war. Das Zyankali wurde vorher in den Raum eingeführt. Die chemische Reaktion, die sofort eintrat, führte zum Tod durch Ersticken unter schrecklichen Qualen. Dieser Trichter, ein Beweisstück, befindet sich im Museum des Widerstands und der Deportation in Besançon.

Diese 2 oder 3 Male benutzte Gaskammer ist mit den hochausgerüsteten Gaskammern von Auschwitz und anderen Vernichtungslagern vergleichbar.

Die Leichen wurden dann in das anatomische Institut von Strasbourg gebracht, auf Antrag des SS Professors Hirt.

Nach der Befreiung wurden dort 17 Leichen entdeckt, darunter solche von 3 Frauen und zahlreiche sezierte menschliche Körperteile.

Im September 1945 wurde Kramer von den Engländern in Lüneburg mit 48 Kriegsverbrechern des KZ Bergen-Belsen zum Tod verurteilt und in Hasseln gehenkt.

- En juin 1943, Bickenbach entreprit des expériences de gaz sur environ 150 personnes. Sept ou huit personnes de chaque groupe en sont mortes.
- Jusqu'à l'été 1944, Bickenbach a participé à d'autres expérimentations dans lesquelles au moins dix détenus furent tués. Il n'y a pas de données exactes sur le nombre de détenus qui sont morts des suites.

CHAMBRE A GAZ

Bien avant la guerre, la montagne du Struthof est une station de sports d'hiver très appréciée des Strasbourgeois.

C'est pourquoi en 1930 est construit un hôtel pour accueillir skieurs et randonneurs.

Cette annexe sert d'abri, voire de cantine et de salle de bal.

Lorsque les nazis décident l'implantation d'un Camp de Concentration, à 2 kilomètres en amont, sur la commune de Natzwiller, ils réquisitionnent cet hôtel et y installent leur quartier général.

En août 1943, sur ordre de Berlin et à la demande des trois médecins S.S. du camp, il est décidé de transformer cet abri, situé face à l'hôtel, en chambre à gaz, pour servir aux expérimentations sur les détenus choisis dans les camps de l'est : Auschwitz, Maïdaneck, Treblinka.

En deux convois arrivent au Struthof 87 juifs et Tziganes dont 30 femmes pour servir de cobayes tant pour les recherches pseudo-médicales que pour des expérimentations de traitement des gaz de combat.

De malheureuses victimes sont entassées enfermées dans cette chambre hermétiquement close tandis que le commandant du camp Kramer procède lui-même au gazage. De l'extérieur et à l'aide d'un entonnoir muni d'un robinet fixé à un tuyau traversant le mur, il introduit l'eau sur des cristaux cyanhydriques, préalablement déposés dans la pièce. La réaction s'opère instantanément, provoquant la mort par asphyxie dans d'atroces douleurs. Cet entonnoir, pièce à conviction, est présent au Musée de la Résistance et de la Déportation de Besançon.

Utilisée à deux ou trois reprises, cette chambre à gaz est comparable par son horreur à celles très élaborées d'Auschwitz et des autres camps d'extermination.

Les cadavres sont ensuite transportés à l'institut anatomique de Strasbourg, à la demande du professeur S.S. Hirt.

A la libération, on retrouvera 17 corps dont ceux de 3 femmes et de nombreux éléments humains ayant servi aux dissections.

Kramer sera jugé par les Anglais à Lunebourg en septembre 1945 avec 48 tortionaires du KZ de Bergen-Belsen et pendu à Hasseln.

– Der Lagerkommandant Josef Kramer war im Auftrage Hirts an der Tötung von ca. 80 Häftlingen, meistens Frauen, beteiligt.

Wenn Frauen zu pseudomedizinischen Versuchen aus KZ-Lagern angefordert wurden, dann mussten für sie kurzfristig Unterbringungsmöglichkeiten geschaffen werden, denn das Struthof-Lager war ein ausgesprochenes Männerlager.

Aus den Vernehmungsprotokollen des ehemaligen Lagerkommandanten Josef Kramer:

„Ich war ein Buchhalter in Augsburg vor dem Jahre 1932. Sodann habe ich mich freiwillig zur SS gemeldet und mir wurde befohlen, die Insassen von Konzentrationslagern zu bewachen. Bevor die Feindseligkeiten ausbrachen, war ich Leutnant in verschiedenen Konzentrationslagern, insbesondere in Estervegen, Sachsenhausen, Dachau, Mauthausen und Auschwitz.

Während des Monats August 1943 erhielt ich vom Lager Oranienburg oder vielmehr von der Obersten SS-Führung in Berlin, die mir ihn zusandte, den Befehl, ungefähr 80 Insassen von Auschwitz zu empfangen. In dem Begleitbrief zu diesem Befehl hieß es, daß ich sofort mit Prof. Hirt, der medizinischen Fakultät von Straßburg in Verbindung treten sollte.

Ich ging zum anatomischen Institut von Straßburg, wo Hirt war. Der Letztere sagte mir, daß er von einem Insassen-Begleitzug, der von Auschwitz nach Struthof ging, wüßte. Er sagte mir, daß diese Personen in der Gaskammer des Lagers Struthof mit tödlichen Gasen getötet und dann ihre Leichname zum anatomischen Institut gebracht werden sollten, damit er über dieselben verfügen könne.

Nach diesem Gespräch gab er mir eine Flasche, die ungefähr ¼ Liter Salze enthielt, die, ich glaube, Cyanhydratsalze waren. Der Prof. sagte mir, welche ungefähre Dosis ich zu nehmen hätte, um die Insassen, die von Auschwitz kommen sollten, von denen ich Ihnen bereits gesagt habe, zu vergiften.

– Le commandant du camp Josef Kramer a participé à l'instar de Hirt à la mort d'environ 80 détenus, des femmes pour la plupart.

Lorsque des femmes étaient réclamées d'autres camps de concentration pour des expériences pseudo-médicales, on devait leur trouver un logement à court terme, car le Struthof était surtout un camp d'hommes.

Extrait du Procès-verbal de l'interrogation de l'ancien commandant du camp Josef Kramer

«J'exerçais la profession de comptable à Augsbourg avant 1932, époque à laquelle j'ai été volontaire dans les SS et préposé à la garde des internés dans les camps de concentration. Avant les hostilités j'ai été nommé comme lieutenant dans différents camps de concentration, notamment à Estervegen, Sachsenhausen, Dachau, Mauthausen et Auschwitz.

Au cours du mois d'août 1943, j'ai reçu du camp d'Oranienburg, ou plutôt du commandement suprême SS de Berlin, qui me l'a fait transmettre par le commandant du camp d'Oranienburg, l'ordre de recevoir environ 80 internés venant d'Auschwitz. Dans la lettre qui accompagnait cet ordre il était précisé d'avoir à me mettre en relation immédiatement avec le professeur HIRT de la Faculté de Médecine de Strasbourg.

Je me suis rendu à l'institut d'anatomie de Strasbourg où se trouvait HIRT. Ce dernier me déclara qu'il avait eu connaissance d'un convoi d'internés d'Auschwitz pour le Struthof. Il me précisa que ces personnes devaient être exécutées dans la chambre à gaz du Struthof à l'aide de gaz asphyxiants et que leurs cadavres devaient être conduits à l'Institut d'anatomie pour être mis à sa disposition.

A la suite de cette conversation il me remit un flacon de la contenance d'un quart de litre environ contenant des sels que je crois être des sels oyanhydriques. Le professeur m'indiqua la dose approximative que je devais employer pour asphyxier moi-même les internés venus d'Auschwitz, dont je viens de vous parler.

Zu Beginn des August 43 erhielt ich die 80 Insassen, die mit den Gasen getötet werden sollten, die mir von Hirt übergeben worden waren. Eines Abends ging ich zur Gaskammer mit einem kleinen Wagen, es war ungefähr 9 Uhr, mit ungefähr 15 Frauen das erste Mal. Ich sagte zu diesen Frauen, dass sie in den Desinfektionsraum gehen müßten; aber ich sagte ihnen nicht, daß sie vergiftet werden sollten.

Mit Hilfe einiger SS-Leute kleidete ich sie vollständig aus und schob sie in die Gaskammer, als sie vollständig nackt waren. Als die Tür geschlossen war, fingen sie an zu brüllen. Nachdem die Tür geschlossen war, führte ich durch ein Rohr, das oben rechts vom Guckloch angebracht war, eine gewisse Menge von Salzen ein. Sodann schloß ich die Öffnung des Rohres mit einem Kork, der am Ende dieses Rohres angebracht war. Dieser Kork hatte ein Metallrohr. Dieses Metallrohr schleuderte das Salz und Wasser in die Innenseite der Öffnung der Kammer, von der ich gesprochen habe. Ich beleuchtete die Innenseite des Raumes mittels eines Schalthebels, der in der Nähe des Rohres angebracht war, und beobachtete durch das Guckloch, was innerhalb des Raumes vor sich ging. Ich habe gesehen, dass diese Frauen ungefähr noch eine halbe Minute geatmet haben, bevor sie auf den Boden fielen. Nachdem ich die Ventilation innerhalb des Schornsteines in Bewegung gebracht hatte, öffnete ich die Türen. Ich fand diese Frauen leblos am Boden liegend und sie waren voll bedeckt mit Ausscheidungen. Am nächsten Morgen sagte ich zu den Krankenpflegern der SS, die Leichname in einen kleinen Wagen zu legen – es war ungefähr um 5.30 Uhr –, damit sie in das anatomische Institut gebracht werden könnten, so wie mich Prof. Hirt gebeten hatte.

Einige Tage später brachte ich unter den gleichen Umständen wiederum eine gewisse Anzahl von Frauen in die Gaskammer, die auf diese Weise vergast wurden.

Einige Tage später ging ich wiederum in die Gaskammer, und das wiederholte sich ungefähr zwei oder drei Mal, bis 50 Menschen oder vielleicht auch 55 mit den Salzen, die Hirt mir gegeben hatte, getötet waren (…).

Ich habe bei der Ausführung dieser Dinge kein Gefühl gehabt, weil ich den Befehl erhalten hatte, diese 80 In-

Au début d'août 1943 je reçus donc les 80 internés destinés à être supprimés à l'aide des gaz qui m'avaient été remis par HIRT, et je commençais par faire conduire dans la chambre à gaz, un certain soir, vers 9 heures à l'aide d'une camionnette, une première fois une quinzaine de femmes environ. Je déclarais à ces femmes qu'elles devaient passer dans la chambre à désinfection et je leur cachais qu'elles devaient être asphyxiées.

Assisté de quelques SS je les fis complètement déshabiller et je les poussais dans la chambre à gaz alors qu'elles étaient toutes nues. Au moment où je fermais la porte, elles se mirent à hurler. J'introduisis, après avoir fermé la porte, une certaine quantité de sel dans un entonnoir placé au dessous et à droite du regard. En même temps je versai une certaine quantité d'eau qui, ainsi que les sels, tomba dans l'excavation située à l'intérieur de la chambre à gaz au bas du regard. Puis je fermai l'orifice de l'entonnoir à l'aide d'un robinet qui était adapté dans le bas de cet entonnoir prolongé lui-même par un tube en métal. Ce tube en métal conduisit le sel et l'eau dans l'excavation intérieure de la chambre dont je viens de vous parler. J'allumai l'intérieur de la chambre à l'aide du commutateur placé près de l'entonnoir et j'observai par le regard extérieur ce qui se passait à l'intérieur de la chambre. Je constatai que ces femmes ont continué à respirer une demie-minute, puis elles tombèrent à terre. Lorsque j'ouvris la porte après avoir fait en même temps marcher la ventilation à l'intérieur de la cheminée d'aération, je constatai que ces femmes étaient étendues sans vie et qu'elles avaient laissé échapper leurs matières fétides. J'ai chargé deux SS infirmiers de transporter ces cadavres dans une camionnette le lendemain vers 5 heures ½ pour qu'ils soient conduits à l'institut d'anatomie ainsi que le professeur HIRT me l'avait demandé.

Quelques jours après, dans les mêmes conditions sus-indiquées j'ai conduit à nouveau dans la chambre à gaz une certaine quantité de femmes qui furent asphyxiées de la même façon, puis encore quelques jours après, j'ai fait conduire dans la chambre à gaz en deux ou trois fois une cinquantaine d'hommes environ, peut-être cinquante-

sassen auf diese Weise zu töten, wie ich Ihnen bereits gesagt habe.

Übrigens bin ich auf diese Weise erzogen worden."[6]

Das Massengrab

Getötet wurden die Häftlinge auf verschiedene Weise: Zunächst nach dem Prinzip „Vernichtung durch Arbeit", wie es ein Mithäftling am Beispiel der NN-Häftlinge geschildert hat, das wir dokumentiert haben; dann durch die öffentlichen Hinrichtungen am Galgen auf dem Appellplatz als Bestrafungs- und Abschreckungsaktionen, durch die heimlichen Hinrichtungen in der Baracke mit dem Krematorium, durch Erhängen und in der getarnten Genickschussanlage, schließlich durch die pseudomedizinischen Menschenversuche. Die auf diese Weise Ermordeten wurden in dem Ofen verbrannt, der sich unmittelbar am Eingang der Baracke befindet.

Am unteren Teil des Lagers, in der Grube, wo heute ein Kreuz und Erinnerungstafeln stehen, lag die Klärgrube des Lagers, und dort wurden auch die Asche und die verkohlten Knochenreste der im Krematorium verbrannten Leichen hineingeworfen. Die Mischung von Asche und Kot wurde als Düngemittel für den Garten des Kommandanten verwandt.

Über die Zahl der Ermordeten gibt es unterschiedliche Angaben. Nach einer Berechnung des Internationalen Natzweiler-Struthof-Komitees beträgt die Gesamtzahl der Getöteten für das Haupt- und die Nebenlager etwa 25.000.[7] Für das Hauptlager Struthof sollen es etwa 10.000 sein.

In einem kleinen Raum in der Krematoriumsbaracke stehen noch viele Urnen. Ausschließlich deutsche Familien konnten gegen eine Gebühr von bis zu 100 Reichsmark die Asche ihrer umgekommenen Angehörigen in einer solchen Urne erhalten. Es ist jedoch mehr als fraglich, ob sich darin wirklich die Asche der Getöteten befand.

cinq, qui furent supprimés, toujours à l'aide des sels que je détenais de HIRT (...).

Je n'ai éprouvé aucune émotion en accomplissant ces actes car j'avais reçu l'ordre d'exécuter de la façon dont je vous ai indinqué les 80 internés. J'ai d'ailleurs été élevé comme cela (sic)».[6]

Le charnier

Les détenus ont été tués de plusieurs manières. Tout d'abord selon le principe de l'«extermination de par le travail», ainsi que l'a décrit et documenté un co-détenu des NN. Et dans des exécutions publiques à la potence sur la place de l'appel – celles-ci étaient conçues pour punir et intimider. Il y avait également les exécutions en cachette dans la baraque avec le crématoire. Et encore des morts par pendaison ou par un coup dans la nuque qui étaient tenues secrètes. Finalement c'était la mort par les expérimentations pseudo-médicales, qui avaient lieu dans cette baraque également. Ceux qui avaient été assassinés de cette manière étaient brûlés dans le four qui se trouvait directement à l'entrée de la baraque.

En bas du camp, là où il y a aujourd'hui une croix et des plaques commémoratives, se trouvait la fosse septique. C'est là aussi que les cendres et les restes d'os carbonisés des cadavres brûlés dans le crématoire étaient jetés. Le mélange de cendres et d'excréments était utilisé comme engrais pour le jardin du commandant.

Il existe des données différentes sur le nombre de personnes assassinées. Selon les estimations du Comité international Natzwiller-Struthof, le nombre total des morts dans le camp central et les camps annexes atteint environ 25.000. Rien que pour le camp central du Struthof il y aurait eu 10.000 morts.[7]

Dans une petite pièce de la baraque du crématoire se trouve encore un certain nombre d'urnes. Seules les familles allemandes pouvaient obtenir les cendres de leurs proches dans une telle urne, en moyennant une somme allant jusqu'à 100 Reichsmark. Il est douteux que les cendres des exécutés se trouvent dans ces urnes.

Nebenlager und Außenkommandos

Ab Anfang 1944 erfuhr auch das Lagersystem des KZ Natzweiler-Struthof eine enorme Ausweitung. Bis zum Kriegsende kamen ca. 70 Nebenlager und Außenkommandos hinzu. Allein über 42 gab es in Baden und Württemberg, weitere in Hessen und Rheinland-Pfalz.[8] In dem Maße, wie die Rüstungsproduktion im Nazi-Reich den absoluten Vorrang erhielt und ins Landesinnere verlegt wurde, entstanden diese Stätten der Zwangsarbeit und Massenmorde, mit etwa 19.000 Häftlingen im Oktober 1944. Bemerkenswert ist auch, dass große Teile der Rüstungsproduktion unter die Erde gebracht wurden, als die alliierten Bombenangriffe auf Industrieanlagen ab 1943 immer mehr zunahmen.

Wir können hier nur einige wenige Beispiele anführen: So wurde in Neckarelz in Zusammenarbeit mit dem Lager, dem „Jägerstab" des Rüstungsministeriums und den Daimler-Benz-Werken eine Gipsgrube zu einem unterirdischen Stollensystem ausgebaut, in das die Daimler-Benz-Flugmotorenwerke verlagert wurden, die bislang in der Nähe Berlins angesiedelt waren. Für die Lager im Neckartal zählte man zwischen 2.500 und 3.500 Gefangene.

Im Nebenlager Leonberg bei Stuttgart arbeiteten seit dem Frühjahr 1944 ca. 1.500 Häftlinge in einem ehemaligen Autobahntunnel für die Flugzeugfirma Messerschmitt. Innerhalb eines Jahres erhöhte sich hier die Anzahl der Häftlinge auf 3.000.

Soweit bekannt ist, waren in Leonberg Häftlinge aus Albanien, Belgien, Deutschland, Estland, Frankreich, Griechenland, Italien, Jugoslawien, Litauen, Luxemburg, den Niederlanden, Norwegen, Polen, Rumänien, der Schweiz, der Sowjetunion, Spanien, der Tschechoslowakei und Ungarn. Die zahlenmäßig größten Häftlingsgruppen kamen aus Frankreich, Italien, Jugoslawien, Polen, der Sowjetunion und Ungarn.

Um dem Verlust der Rohstoffbasis entgegenzuwirken, kam es im Februar 1944 zur Einrichtung des Nebenlagers Schörzingen, wo Häftlinge aus ölhaltigem Schiefer Rohöl gewinnen sollten. Ende 1944 arbeiteten hier über

Les kommandos annexes et extérieurs

Au début de l'année 1944, le système concentrationnaire connut une extension énorme, comprenant jusqu'à 70 kommandos annexes et extérieurs, dont plus de quarante rien que dans la région de Bade-Wurtemberg, d'autres en Hesse et en Rhénanie-Palatinat.[8] A mesure que la production pour l'armement devenait priorité absolue, ces lieux de travaux forcés et de massacres se développaient, avec environ 19.000 détenus en octobre 1944. Il faut noter qu'avec l'augmentation des bombardements alliés des installations industrielles à partir de 1943, de grandes parties de la production furent installées sous-terre.

En voici quelques exemples: À Neckarelz, une fosse de plâtre fut transformée en galeries sous terre. Les usines de moteurs d'avion Daimler-Benz jusqu'alors près de Berlin y furent transférées, en collaboration avec le camp, l'état-major des chasseurs du ministère de l'armement et l'entreprise Daimler-Benz. Pour les kommandos de la vallée du Neckar, on comptait environ 2.500 à 3.500 prisonniers.

Dans le camp annexe de Leonberg près de Stuttgart, environ 1.500 ouvriers travaillaient depuis début 1944 dans un ancien tunnel d'autoroute pour l'entreprise d'avions Messerschmitt. En l'espace d'un an, le nombre de détenus passa à 3.000.

À Leonberg, il y avait des détenus d'Albanie, de Belgique, d'Allemagne, d'Estonie, de France, Grèce, Italie, Yougoslavie, de Lituanie, du Luxembourg, des Pays-Bas, de Norvège, Pologne, Roumanie, de Suisse, d'Union soviétique, d'Espagne, de Tchécoslovaquie et de Hongrie. La plupart des détenus venaient de France, d'Italie, de Yougoslavie, Pologne, d'Union soviétique et de Hongrie.

Pour parer à la perte de matières premières, on construisit en février 1944 le camp annexe de Schörzingen: les détenus devaient extraire de l'huile combustible à partir de schistes bitumineux. Fin 1944, plus de 1.000 détenus travaillaient ici, et on en prévoyait 4.000 à 5.000.

A partir de septembre 1944, un kommando extérieur s'installa dans une école à Mannheim-Sandhofen. 1.000 forçats polonais emprisonnés après l'insurrection de Var-

1.000 Häftlinge; der Einsatz von 4.000 bis 5.000 war geplant.

Ab September 1944 gab es ein Außenkommando in einer Schule in Mannheim-Sandhofen. Dort waren 1.000 polnische Zwangsarbeiter eingesperrt, die nach dem Warschauer Aufstand verhaftet worden waren. Sie mussten Zwangsarbeit bei Daimler-Benz verrichten. Aufgrund der Versorgungs- und Organisationsprobleme gegen Kriegsende wurde das KZ-Sandhofen ein Hungerlager. Die meisten Toten gab es durch Unterernährung.

In den Lagern Binau, Kochendorf, Leonberg, Haslach und Vaihingen wurden auf Veranlassung französischer Behörden nach 1945 über 2.500 Leichen ausgegraben, darunter 500 Franzosen. Nach der Befreiung des Lagers Vaihingen fand man 1.500 Leichen, die in Massengräbern lagen.

In einem Gebäudeflügel des Werkes 1 der Adler-Werke in Frankfurt am Main bestand von August 1944 bis März 1945 das „Arbeitskommando Katzbach" als Außenkommando des KZ Natzweiler-Struthof. Es gilt als das grausamste seiner Art auf dem Gebiet des heutigen Bundeslandes Hessen und wies die höchste Todesrate aller Fabrikkommandos des KZ Natzweiler-Struthof auf. In Mörfelden-Walldorf bei Frankfurt befand sich in einem Waldgelände von August bis Dezember 1944 ebenfalls ein Außenlager von Struthof. 1.700 zumeist ungarische Jüdinnen waren hier untergebracht und mussten unter schwierigsten Bedingungen und brutaler Bewachung beim Rollbahnbau des Frankfurter Flughafens Zwangsarbeit leisten. Die Zahl derer, die das Kriegsende überlebten, war äußerst gering. Die meisten starben nach Auflösung des Lagers während der Transporte in das KZ Ravensbrück und zu weiteren Zielorten oder unmittelbar danach.

Aus den besonderen Bedingungen des Struthof-Lagers mit seiner relativ kleinen Belegungszahl von Häftlingen und der Vielzahl der Nebenlager und Außenkommandos ergab sich eine starke Fluktuation. Dies vor allem bei den Häftlingen, die aus Elsass-Lothringen eingeliefert wurden.

Etwa die Hälfte der Lothringer, die wegen „Franzosen-Freundschaft", „Wehrmachtsentziehung" usw. verhaftet

sovie y étaient enfermés. Ils étaient condamnés aux travaux forcés pour Daimler-Benz. Le camp de concentration Sandhofen était un camp de la famine à la fin de la guerre, en raison des problèmes d'organisation et d'approvisionnement. Nombreux sont ceux qui moururent de sous-alimentation.

Dans les camps de Binau, de Kochendorf, Leonberg, Haslach et Vaihingen, les autorités françaises firent exhumer plus de 2.500 cadavres après 1945, dont plus de 500 Français. À la libération du camp de Vaihingen, on trouva 1.500 cadavres dans des charniers.

Dans une aile du bâtiment de l'usine I des entreprises Adler à Francfort sur le Main était installé le «kommando de travail Katzbach» d'août 1944 à mars 1945, comme kommando extérieur du KZ Natzweiler-Struthof. Il est considéré comme l'un des plus cruels dans la région du Land de la Hesse, ayant eu le taux de mortalité le plus élevé parmi tous les kommandos d'usine de Natzweiler-Struthof.

En Hesse, à Mörfelden-Walldorf, le camp annexe situé dans un terrain boisé subsista du mois d'août jusqu'au mois de décembre 1944. 1.700 femmes, la plupart des Juives hongroises, y étaient détenues et devaient effectuer dans des conditions très dures et sous une surveillance brutale, des travaux forcés pour la piste d'atterrissage de l'aéroport de Francfort. Le nombre de celles qui ont survécu à la fin de la guerre est minime. La plupart sont mortes après la dissolution du camp, pendant ou tout de suite après le transport à Ravensbrück et dans d'autres endroits.

En raison des conditions particulières du camp du Struthof, de ses effectifs relativement peu élevés de détenus et de la multitude des camps annexes et extérieurs, il y avait une forte fluctuation. Celle-ci concernait surtout les détenus venant d'Alsace-Lorraine.

Environ la moitié des Lorrains condamnés et emprisonnés pour «amitié avec la France», pour refus d'entrer dans la Wehrmacht etc., furent d'abord envoyés entre autres dans les prisons de Metz, Saint-Avold, Strasbourg, Thionville, Saarbrücken, pour être «transportés» à Dachau, en passant par le camp du Struthof. Les autres furent envoyés par transport à Dachau ou Mauthausen, en passant par

und verurteilt wurden, kam zunächst in Gefängnisse in Metz, Saint-Avold, Straßburg, Thionville, Saarbrücken usw. und von dort auf „Transport" über das Lager Struthof nach Dachau. Die anderen kamen auf „Transport" über Saarbrücken, Ludwigshafen oder Nürnberg nach Dachau oder Mauthausen. Diese neun Buchstaben TRANSPORT bedeuteten sechs und mehr Tage zusammengepfercht in Gefängniswaggons unter Hunger und Durst, Misshandlungen und Schlafstörungen zu leiden.

Der Zwischenaufenthalt für die Gefangenen im Lager Struthof war offensichtlich sehr willkürlich; manche blieben nur wenige Tage dort, andere dagegen mehrere Monate. Eine nicht bekannte Anzahl dieser Menschen wurde zunächst auch in Außenkommandos geschickt, bevor sie nach Dachau kamen.

Ungefähr 40.000 Personen wurden durch das Lager geschleust. 10.000 bis 12.000 wurden dort ermordet.

Die Auflösung der Nebenlager und Außenkommandos war mit dem Ziel verbunden, möglichst viele Häftlinge und die Spuren von Grausamkeiten und Vernichtung zu beseitigen. Am 14. April 1945 richtete der Reichsführer der SS Heinrich Himmler an die Kommandanten der noch bestehenden KZ-Lager den Funkspruch: „Die Übergabe kommt nicht in Frage.

Saarbrücken, Ludwigshafen ou Nuremberg. Ces neuf lettres «TRANSPORT» signifiaient: entassement pour six jours et plus dans des wagons de prison, souffrances de la faim et de la soif, maltraitements et troubles de sommeil.

L'arrêt intermédiaire pour les prisonniers dans le camp du Struthof était apparemment très arbitraire; certains n'y restaient que quelques jours, d'autres par contre plusieurs mois. Un nombre indéterminé de détenus fut d'abord envoyé dans des kommandos extérieurs avant d'arriver à Dachau.

Environ 40.000 détenus «passèrent» par le Struthof, de 10.000 à 12.000 furent assassinés.

La dissolution des camps annexes et extérieurs avait pour but d'éliminer le plus de détenus possibles ainsi que les traces de cruautés et d'extermination. Le 14 avril 1945, le Reichsführer SS Heinrich Himmler déclarait à la radio à l'intention des kommandos des KZ encore existants: «*Il n'est pas question de reddition. Il faut immédiatement évacuer le camp. Pas un détenu ne doit tomber vivant dans les mains de l'ennemi.*»

L'évacuation – surtout pour Dachau en Bade et en Wurtemberg – était synonyme des marches de la mort: des trains de squelettes ambulants, trébuchant plus que marchant, poussés par des gardes et des chiens dressés. Derrière ces trains de la mi-

ANNEXE
NATZWEILER-STRUTHOF
Camps Annexes / Sous-camps / Kommandos extérieurs
(Nebenlager / Aussenlager / Aussenkommandos)
Effectifs / Présences / Décès

N° crt	Désignation du camp
1	Asbach
2	Audun-le-Tiche
3	Bad Rappenau
4	Bensheim
5	Binau
6	Bisingen
7	Calw
8	Cernay (Sennheim)
9	Cochem-Bruttig
10	Cochem-Treis
11	Colmar
12	Darmstadt
13	Dautmergen
14	Derdingen
15	Dernau/Ahr
16	Dormettingen
17	Echterdingen
18	Ellwangen
19	Erzingen
20	Frankfurt/M. (Katzb.)
21	Frommern
22	Gaggenau
23	Geisenheim
24	Geislingen/Steige
25	Guttenbach
26	Hailfingen
27	Haslach
28	Hayange/Ebange
29	Heidenheim
30	Heppenheim
31	Hessental
32	Iffezheim
33	Kaisheim
34	Kaufering
35	Kirchheim/Schlattst.
36	Kochendorf
37	Leonberg
38	Mannheim 1/Sandhofen
39	Mannheim 2/Waldhof
40	Metz-Queuleu
41	Mulhouse
42	Neckarbischofsheim
43	Neckarelz I
44	Neckarelz II
45	Neckargartach
46	Neckargerach
47	Neckarzimmern
48	Neuenbürg
49	Neunkirchen
50	Niederbronn
51	Obernai
52	Ottange
53	Peltre
54	Rothau
55	Ste-Marie-aux-Mines
56	Schömberg
57	Schörzingen
58	Schwindratzheim
59	Seligenstadt
60	Spaichingen
61	Sulz/Neckar
62	Thil
63	Thionville
64	Unterriexingen
65	Unterschwarzach
66	Urbès/Wesserling
67	Vaihingen/Enz
68	Walldorf
69	Wasseralfingen
70	Wiesensteig

Total: ca. 42.2000

Das Lager ist sofort zu evakuieren. Kein Häftling darf lebendig in die Hände des Feindes fallen."

Die „Evakuierungen" – in Baden und Württemberg meistens nach Dachau – waren Todesmärsche im wahrsten Sinne des Wortes: Züge wandelnder Skelette, mehr vorwärts stolpernd als laufend, von Wachmannschaften mit abgerichteten Hunden angetrieben. Wenn die hinter diesen Elendszügen Zurückbleibenden nicht gleich erschossen wurden, so wurden erschöpft und tot liegengebliebene Häftlinge auf einen Lastwagen geworfen und als Tote oder noch Lebende wahllos aufeinander geschichtet.

Auflösung und Evakuierung

Vor den anrückenden Truppen der Alliierten wurden die Häftlinge ins Innere des Reiches „evakuiert". In Struthof geschah dies bereits im August und September 1944, im Osten in großem Umfang ab Januar 1945. Die meisten der Struthofhäftlinge sind nach Dachau deportiert worden. Die so genannten Evakuierungem waren in Wirklichkeit wochenlange Irrfahrten in Güterwagen durch Deutschland, tagelange Todesmärsche, bei denen Zehntausende Häftlinge durch Misshandlungen, Hunger, Krankheit und Erschöpfung zugrunde gingen.

Die Häftlinge des Struthofs mussten wiederholt den 8 km langen steilen Weg zum Bahnhof nach Rothau und wieder zurück laufen, weil die Züge, die sie von dort zunächst über den Rhein abtransportieren sollten, nicht eingetroffen waren. Sie wurden vorrangig für militärische Zwecke genutzt oder waren durch Bombenangriffe zerstört worden.

Ein Häftling berichtet über die letzten Tage im Struthof und die „Evakuierung" des Lagers: *„Man sah den Unglücklichen an, wie sie unter der Erkenntnis litten, daß die Befreiung noch nicht zu erwarten war. Und doch standen die Befreier sozusagen in Tuchfühlung mit uns. Dreimal mußten die ersten 3.000 Mann antreten auf der Lagerstraße und dreimal wurden sie in die Blöcke zurückgepfiffen – weil die Transportzüge Rothau nicht erreicht hatten* sère, il y avait en général un camion sur lequel les détenus épuisés ou ne pouvant se relever étaient jetés, morts et vivants les uns sur les autres.

Dissolution et évacuation

Lorsque les troupes des Alliés se rapprochèrent, les détenus furent «évacués» à l'intérieur du Reich. C'est ce qui se fit au Struthof dès les mois d'août et de septembre 1944, et à l'est en grande envergure à partir de janvier 1945. La plupart des détenus du Struthof furent déportés à Dachau. Les soi-disantes évacuations étaient en fait des odyssées durant des semaines dans des wagons de marchandises à travers l'Allemagne, des marches de la mort durant des journées entières, au cours desquelles des dizaines de milliers de détenus périrent de mauvais traitements, de faim, de maladie et d'épuisement.

Les détenus du Struthof devaient à nouveau parcourir le long chemin raide de 8 km allant à la gare de Rothau et retourner parce que les trains qui devaient les transporter au-delà du Rhin n'étaient pas encore arrivés. Ces trains avaient été alors utilisés prioritairement à des fins militaires ou avaient été détruits par les bombardements.

Un détenu témoigne des derniers jours au Struthof et de l'évacuation du camp: *«On voyait à l'expression de ces malheureux combien ils souffraient de savoir que l'on ne pouvait encore espérer la libération. Et pourtant, les libérateurs étaient en contact étroit avec nous. Par trois fois, les trois mille détenus devaient se rassembler sur la route du camp et par trois fois ils furent rappelés par les sifflets dans les blocs – parce que les trains de transport n'avaient pas encore atteint Rothau et à cause des opérations des partisans et des aviateurs. La quatrième fois, on réussit à faire mettre en marche les colonnes. Remplis d'amertume et de désespoir, les détenus trottaient sur le chemin menant à la vallée, «la route du désespoir», là où ils avaient été poussés des mois auparavant à coups de pied, à coups de crosse et à morsures de chiens, là où ils étaient arrivés titubant dans le camp, tourmentés par la faim et la soif. Les rations distribuées pour le voyage étaient déjà*

und infolge der Operationen der Partisanen und der Flieger. Beim vierten Anlauf erst gelang es, die Kolonnen in Marsch zu setzen. Verbittert und verzweifelt trabten sie nun zu Fuß den Weg ins Tal auf der Straße der Verzweiflung, auf welcher sie Monate vorher, von Fußtritten, Kolbenschlägen, Hundebissen angetrieben, gepeinigt von Durst und Hunger ins Lager hineingestolpert waren. Die Reisrationen, die ausgegeben wurden, waren schon aufgezehrt und Ersatz wurde nur gegeben für die Wartetage: Ein Stück Brot, eine Spur von Margarine und ein Hauch von Käse." [9]

Das Hauptlager wurde am 22. November 1944 von den Truppen der Alliierten besetzt. Das letzte Nebenlager wurde im April 1945 aufgelöst.

Nach der Befreiung wurde das Todeslager Struthof zum Säuberungs- oder Straflager für Nazis, denen es nicht gelungen war, rechtzeitig zu fliehen. Auch Franzosen, insbesondere Elsässer, die im Verdacht standen, mit den deutschen Besatzern oder dem Vichy-Regime kollaboriert zu haben, wurden hier inhaftiert.

Täter und Gehilfen

Nach dem Ende des Naziregimes kam es neben den großen Prozessen in Nürnberg auch zu Verfahren, die Natzweiler-Struthof betrafen; so die französischen Prozesse in Metz, Straßburg und Rastatt sowie Verfahren vor bundesdeutschen Gerichten in Hamburg, Koblenz, Köln, Mannheim und Stuttgart. Viele dieser Ermittlungsverfahren, die sich häufig über zehn Jahre hinzogen, hatten den Ausgang: „Verjährt, da kein Mordverbrechen nachweisbar", „Hauptverfahren wegen Verhandlungsunfähigkeit nicht eröffnet", „Eingestellt, da Aufenthalt nicht ermittelbar" usw.

Im Bergen-Belsen-Prozess, vom 17. September bis zum 17. November 1945 von einem britischen Militärgericht durchgeführt, wurde Josef Kramer, Lagerkommandant des Struthoflagers, zum Tode durch den Strang verurteilt und am 12. Dezember 1945 hingerichtet.

Josef Kramer, 1905 in München geboren, trat bereits

consommées et on ne donnait autre chose que les jours d'attente: un morceau de pain, un rien de margarine et un soupçon de fromage.» [9]

Le camp central fut occupé le 22 novembre 1944 par les troupes des Alliés. Le dernier camp annexe fut dissous en avril 1945.

Après la libération, le camp de la mort du Struthof devint un camp d'épuration ou de détention pour les nazis qui n'avaient pas réussi à fuir à temps. Y furent également détenus les Français et en particulier les Alsaciens soupçonnés d'avoir collaboré avec les occupants allemands ou avec le régime de Vichy.

Les auteurs de crimes et leurs sbires

Après la fin du régime nazi, et en marge des grands procès de Nuremberg, il y eut également des procédures concernant Natzweiler-Struthof: ainsi les procès français à Metz, Strasbourg et Ratisbonne, et ceux devant les Tribunaux allemands de Hambourg, Coblence, Cologne, Mannheim et Stuttgart. Parmi ces instructions judiciaires, nombreuses furent celles qui durèrent plus de dix ans et se terminèrent par une «prescription, – des crimes d'assassinat ne pouvant être prouvés», – par un «ajournement, la résidence n'étant pas déterminable», – ou par le constat: «une action au fond n'a pas été ouverte en raison d'incapacité de mener les débats» etc.

Au procès de Bergen-Belsen effectué par un tribunal militaire britannique du 17 septembre au 17 novembre 1945, Josef Kramer, commandant du camp du Struthof, fut condamné à mort par pendaison et exécuté le 12 décembre 1945.

Josef Kramer, né à Munich en 1905, avait adhéré dès 1931 au NSDAP et était entré dans les SS en 1932. En 1934, il faisait partie du personnel de surveillance de Dachau et fut envoyé dans plusieurs camps de concentration, entre autres à Mauthausen et à Sachsenhausen. Pendant plusieurs mois de l'année 1942, il fut l'adjudant de Rudolf Höss, commandant d'Auschwitz. D'octobre 1941 à mai 1944 – promu entre temps Hauptsturmführer – Kramer

1931 in die NSDAP und 1932 in die SS ein. 1934 gehörte er zum Wachpersonal in Dachau und war danach in verschiedenen KZ-Lagern eingesetzt, darunter in Mauthausen und in Sachsenhausen. 1942 war er mehrere Monate Adjutant von Rudolf Höss, dem Kommandanten von Auschwitz. Von Oktober 1941 bis Mai 1944 – inzwischen zum Hauptsturmführer befördert – war Kramer Kommandant in Natzweiler-Struthof und danach wieder in Auschwitz, wo unter seiner Verantwortung im Lager II (Birkenau) innerhalb weniger Wochen Tausende von Juden aus Ungarn ermordet wurden. Ab 3. Dezember 1944 war er Kommandant in Bergen-Belsen.

Über weitere zeitweilige Lagerkommandanten im Struthof ist bekannt:

Hans Hüttig, SS-Hauptsturmführer und einige Zeit auch zweiter Lagerführer im KZ Buchenwald, war auch Lagerkommandant im Lager Herzogenbusch (Holland) gewesen. Er wurde von einem französischen Militärgericht zu lebenslanger Freiheitsstrafe verurteilt, aber bereits 1955 entlassen. Eugen Kogon bezeichnete ihn in seinem Buch „Der SS-Staat" als besonders grausam gegenüber Häftlingen und unerschöpflich im Ausdenken von Schikanen.

Heinrich Schwartz wurde 1947 in Sandweier hingerichtet.

Fritz Hartjenstein, Oberstleutnant, Offizier, zeitweilig Kommandant im Struthof und in Auschwitz, zum Tode verurteilt, verstarb 1954 in französischer Haft.

Egon Zill, Lagerkommandant, ebenfalls im KZ-Flossenburg und im SS-Sonderlager Hinzert, wurde 1955 zu lebenslanger Freiheitsstrafe verurteilt, die später auf 15 Jahre herabgesetzt wurde.

Karl Buck, Kommandant des KZ-Lagers Heuberg (1933) und Kuhberg (1933–1935), war auch Inspekteur mehrerer Nebenlager des KZ-Lagers Struthof. 1945 wurde er in Frankreich wegen Tötung französischer Häftlinge als Kriegsverbrecher zum Tode verurteilt, 1955 deutschen Behörden übergeben und von diesen freigelassen.

Professor **August Hirt** gelang die Flucht in den

Josef Kramer

fut commandant à Natzweiler-Struthof, puis de nouveau à Auschwitz où en l'espace de quelques semaines des milliers de juifs hongrois furent assassinés – il était responsable du camp II de Birkenau. À partir du 3 décembre 1944 il était commandant à Bergen-Belsen.

Quelques faits sont connus sur d'autres commandants du Struthof:

Hans Hüttig, SS-Hauptsturmführer et pendant un certain temps deuxième Führer du KZ Buchenwald, avait été également commandant du camp de Herzogenbusch en Hollande. Il fut condamné par un Tribunal militaire français à réclusion criminelle à vie. Dans son livre sur «l'État-SS», Eugen Kogon l'a qualifié de particulièrement cruel envers les détenus» et intarrissable à inventer des chicanes.

Heinrich Schwartz fut exécuté à Sandweier en 1947.

Fritz Hartjenstein, lieutenant-colonel et officier d'active, commandant temporaire des camps du Struthof et d'Auschwitz, fut condamné à mort et mourut en 1954 en prison en France.

Egon Zill, également commandant du KZ-Flossenburg et du SS-Sonderlager Hinzert, fut condamné à réclusion à perpétuité en 1955, peine limitée ensuite à 15 ans.

Schwarzwald, wo er sich am 2. Juni 1945 das Leben nahm und daher nicht mehr zur Verantwortung gezogen werden konnte.

Die meisten anderen SS-Ärzte kamen jedoch mit dem Leben davon.

Otto Bickenbach, Biologie-Professor und während des Krieges Leiter des Forschungsinstituts am der Universität Straßburg, wurde erst im März 1947 verhaftet und im Dezember 1952 von einem Militärgericht in Metz zu lebenslänglicher Zwangsarbeit verurteilt. Bereits drei Jahre später war er ein freier Mann und beantragte 1952 ein berufsgerichtliches Verfahren zu seiner Rehabilitierung. Es wurde ihm bescheinigt, dass er „seine ärztlichen Berufspflichten getreu dem Hippokratischen Eid nicht verletzt" habe. An den von Bickenbach durchgeführten Versuchen im KZ Natzweiler hätten sämtliche Häftlinge freiwillig teilgenommen, und er habe bei einer weiteren Versuchsreihe nur mitgewirkt, um möglichst viele Häftlinge zu retten.

Der Zeuge, der dies bestätigte, war der ehemalige SS-Arzt Dr. med. **Helmut Ruhl,** Bickenbachs Assistent in Straßburg und Natzweiler. Dr. Ruhl, in dieser Zeit Obermedizinalrat, wurde, wie Hirt in Abwesenheit, zum Tode verurteilt, und wurde bereits 1946 Stadtarzt in Bochum, in den sechziger Jahren Amtsarzt im Siegkreis und ging 1983 als Leitender Medizinaldirektor in Pension.

Otto Konrad Boug, Chefpräparator des Anatomieinstituts, wurde vom Metzer Militärgerichtshof 1945 freigesprochen.

Ein weiterer Assistent, Dr. **Friedrich Letz,** soll von einem französischen Gericht zu fünf Jahren Gefängnis verurteilt worden und danach als Landarzt tätig gewesen sein.

Bickenbachs Mitarbeiter **Friedrich Weygand** wurde 1948 Professor für Organische Chemie in Heidelberg, 1953 in Tübingen, 1955 in Berlin, 1958 in München.

Ein weiterer Mitarbeiter von Bickenbach, **Rudolf Fleischmann,** wurde 1946 Direktor des Physikalischen Staatsinstituts in Hamburg, zuletzt ordentlicher Professor in Erlangen.

Ein enger Mitarbeiter und Schüler von Professors Hirt

Karl Buck, commandant des camps de concentration de Heuberg (1933) et Kuhberg (1933–1935), était également inspecteur de plusieurs camps annexes du KZ-Struthof. En 1945, il fut condamné à mort en France pour avoir tué des détenus français; en 1955 il fut remis aux autorités allemandes et mis en liberté par celles-ci.

Le professeur **August Hirt** a pu d'abord s'enfuir en Forêt-Noire où il s'est suicidé le 2 juin 1945 sans avoir eu à rendre des comptes.

La plupart des autres médecins SS s'en sont tirés vivants.

Otto Bickenbach, professeur de biologie et Directeur de l'institut de recherche à l'université de Strasbourg pendant la guerre, a été incarcéré seulement en mars 1947 et condamné en décembre 1952 par un Tribunal militaire de Metz à des travaux forcés à perpétuité. Trois ans plus tard, bénéficiant d'une amnistie, c'était un homme libre qui intentait en 1952 une action judiciaire auprès d'un Tribunal professionnel pour sa réhabilitation. On attesta qu'il n'avait pas «violé ses devoirs professionnels de médecin, fidèle au serment d'Hippocrate». Tous les détenus auraient participé de leur plein gré aux expérimentations médicales effectuées par Bickenbach dans le KZ à Natzweiler; il n'aurait d'autre part participé à une autre série d'expériences que pour sauver le plus de détenus possible.

Le témoin qui a confirmé ceci était un ancien médecin SS, Dr. **Helmut Ruhl,** assistant de Bickenbach à Strasbourg et à Natzweiler. Ruhl, du Conseil des médecins, fut condamné à mort par contumace, comme Hirt. Dès 1946 il était médecin de la ville de Bochum, dans les années 60 médecin administratif dans la circonscription de la Sieg et avait un poste de directeur en médecine lorsqu'il prit sa retraite en 1983.

Otto Konrad Boug, chef-préparateur de l'Institut d'anatomie, fur acquitté en 1945 par le Tribunal militaire de Metz.

Un autre assistant, Dr. **Friedrich Letz,** aurait été condamné à cinq ans de prison par un tribunal français, avant de travailler comme médecin de campagne.

Le collaborateur de Bickenbach, **Friedrich Weygand,** est devenu professeur de chimie organique à Heidelberg

war Dr. **Anton Kiesselbach,** dessen Arbeitsgebiet die Untersuchung des menschlichen Hoden war. In seiner Dissertation 1934 hatte er sich bereits mit den Hoden der Beutelratte befasst. 1943 standen ihm in Straßburg 30 KZ-Häftlinge zur Verfügung, denen man den linken Hoden abgenommen hatte. Der Hirt-Schüler, Mitglied der NSDAP und SA, wurde später als hoch geschätzter Experte Ordinarius und Dekan der Medizinischen Fakultät in Düsseldorf. Zu seinen zahlreichen Ämtern gehörte auch die Mitgliedschaft im Kuratorium der Nobelpreisträgertagungen in Lindau.

Eine herausragende Funktion neben Hirt hatte der Bakteriologe **Niels Eugen Haagen** in Straßburg. Im Oktober 1944 wurde er dort Ordinarius, Direktor eines Instituts und Oberstabsarzt. Er leitete die Fleckfieberversuche im Sicherungslager Schirmeck und im KZ-Lager Natzweiler. Ebenso wie Bickenbach wurde auch Haagen im Dezember 1952 von einem Militärgericht in Metz wegen „Verbrechens der Anwendung gesundheitsschädlicher Substanzen und Giftmord" zu lebenslänglicher Zwangsarbeit verurteilt. Nach seiner Freilassung 1955 arbeitete er bei der Bundesforschungsanstalt für Viruskrankheiten der Tiere in Tübingen, wurde von der Deutschen Forschungsgemeinschaft gefördert und schrieb ein Handbuch über „Viruskrankheiten des Menschen".

Diese Beispiele ließen sich fortsetzen. Erwähnt werden sollte aber noch, dass die Schreibtischtäter, die Richter und Staatsanwälte, nach 1945 ebenso ungeschoren davonkamen. Sie waren es, die mit den Entscheidungen des „Volksgerichtshofes" und anderer Gerichte des Naziregimes Zehntausende dem Terror und Mord in den KZ-Lagern auslieferten. Die Zeit arbeitete für die Täter und nicht für die Opfer.[10]

Nur gegen fünf Richter des „Volksgerichtshofes" und der Sondergerichte wurde nach 1945 wegen ihrer Beteiligung an Todesurteilen Klage erhoben. In keinem Fall kam es zu einer rechtskräftigen Verurteilung. Die meisten Täter der NS-Verbrechen wurden mit geringen Strafen lediglich als Gehilfen verurteilt. Die Ludwigsburger Staatsanwälte der zentralen Stelle der Landesjustizverwaltung ha-

en 1948, puis professeur titulaire dans les universités de Tübingen (1953), de Berlin (1955) et de Munich (1958).

Un autre collaborateur de Bickenbach, **Rudolf Fleischmann,** fut nommé Directeur de l'Institut d'État de Physique à Hambourg. Il terminera sa carrière comme professeur titulaire à Erlangen.

Le docteur **Anton Kiesselbach** était un proche collaborateur et élève du professeur Hirt, dont la spécialité était l'étude des testicules humains. En 1934, il avait déjà enquêté sur les testicules des opossums dans sa thèse. En 1943, il avait 30 détenus du KZ à sa disposition, auxquels on avait enlevé le testicule gauche. Le disciple de Hirt, membre du parti nazi NSDAP et de la SA, devint par la suite un expert hautement estimé, professeur titulaire et doyen de la Faculté de médecine de Düsseldorf. Parmi ses nombreuses fonctions, celle de membre du Conseil d'administration des conférences des Prix Nobel à Lindau.

Le bactériologue **Niels Eugen Haagen** avait à côté de Hirt une fonction éminente à Strasbourg. Il y fut professeur titulaire en 1944, Directeur d'un institut et chef-médecin d'état-major. C'est lui qui dirigeait les expériences de typhus dans le camp de Schirmeck et dans le camp de concentration de Natzweiler. Tout comme Bickenbach, Haagen fut condamné à des travaux forcés à perpétuité par un Tribunal militaire de Metz en décembre 1952, pour «crime d'utilisation de substances nocives à la santé et pour meurtre par empoisonnement». Après sa mise en liberté en 1955, Haagen travailla pour l'institut fédéral de recherches de maladies virales des animaux à Tübingen, obtint une promotion de l'Institut fédéral de recherches et écrivit un Manuel sur les maladies virales des êtres humains.

On pourrait donner d'autres exemples. Il faut encore signaler qu'après 1945 on laissa en paix les «meurtriers de bureau» (Schreibtischmörder), les juges et les procureurs d'État. Alors que c'étaient eux qui, avec les décisions du «Tribunal du Peuple» et d'autres tribunaux du régime nazi, ont livré des dizaines de milliers d'êtres humains à la terreur et à la mort dans les camps de concentration. Le temps travaillait pour les auteurs de crimes, et pas pour les victimes.[10]

ben eine makabre Gleichung aufgestellt: „Ein Toter gleich zehn Minuten Gefängnis".

Albert Speer, Architekt und bereits 1931 Mitglied der NSDAP, einer der engsten Vertrauten Hitlers, baute die neue Reichskanzlei, das Reichsparteitagsgelände in Nürnberg und entwarf für die Nazis zahlreiche bombastische Bauwerke (die nicht verwirklicht wurden). Auch aufgrund seines Bestrebens ist das Struthof-Lager geschaffen worden. Er war einer der Hauptinitiatoren des „totalen Krieges" und als Reichsminister für Rüstung und Kriegsproduktion mitverantwortlich für die Ermordung Tausender Häftlinge in den KZ-Lagern, die unmenschlichen Arbeitsbedingungen der Zwangsarbeiter und Kriegsgefangenen. Speer wurde vom Internationalen Militärtribunal in Nürnberg als Hauptkriegsverbrecher angeklagt und zu zwanzig Jahren Gefängnis verurteilt.

Après 1945, il ne fut porté plainte que contre cinq juges du «Tribunal du Peuple» et des autres Tribunaux spéciaux, en raison de leur participation à des arrêts de mort. Dans aucun cas il n'y eut de jugements exécutoires. La plupart des auteurs de crimes nazis n'eurent que des peines légères, condamnés seulement en tant que «commis». Les procureurs d'État de l'Administration judiciaire centrale du Land à Ludswigsburg ont fait une équation macabre: «Un mort vaut dix minutes de prison».

Albert Speer, architecte, dès 1931 membre du NSDAP, un intime de Hitler, a fait construire la nouvelle Chancellerie du Reich, le parc du Congrès du parti du Reich à Nuremberg et a fait de nombreux projets d'édifices pompeux pour les nazis, qui ne furent d'ailleurs pas réalisés. C'est aussi selon ses volontés que le camp du Struthof a été construit. Il était l'un des principaux initiateurs de la «guerre totale» et, comme ministre du Reich pour l'armement et la production de guerre, co-responsable de l'exécution de milliers de détenus dans les camps de concentration, ainsi que des conditions de travail inhumaines des forçats et des prisonniers de guerre. Speer fut accusé par le Tribunal militaire international de Nuremberg en tant que l'un des principaux criminels de guerre et condamné à vingt ans de prison.

Augenzeugenberichte

Von Auschwitz nach Struthof

Im Mai 1943 erscheint ein neuer Verfechter der Rassentheorien. Er wählt „Material" aus, indem er nackte Frauen jeden Alters vor sich paradieren lässt. Er wollte Anthropometrie machen, aber er wollte – so dachten wir – sich vor allem vor der Front drücken unter dem Vorwand von für die Zukunft des Reichs außerordentlich wichtigen wissenschaftlichen Forschungen. Die Maße aller Körperteile wurden unendlich oft genommen. Man notierte alle Besonderheiten.

Eines Tages ließ man diese Frauen wissen, sie hätten das außerordentliche Glück, ausgewählt zu werden, sie würden Auschwitz verlassen und in ein hervorragendes Lager irgendwo in Deutschland kommen. Sie glauben es, so froh darüber, diese Hölle und die ständige Aussicht auf die Gaskammer verlassen zu können. Voller Freude sagten sie uns Adieu. Keine hatte den Mut, sie zu enttäuschen. Wozu hätte es gut sein sollen – um so mehr, wo niemand etwas Genaues wusste? Aber unsere Überzeugung war, dass sie bald in einem Museum des großen Reichs ausgestopft als Zeugen für eine Rasse dienen würden, die es nicht wert sei zu leben und die dank der klugen Maßnahmen des Nationalsozialismus vernichtet worden sei. Wir haben nie wieder etwas von ihnen gehört ... Die Unglücklichen wurden ins Lager Struthof im Elsass gebracht und zu dem Zweck getötet, den wir vermutet hatten.

(Im August 1943 sind die 30 Frauen vergast worden, später noch einmal 57 Männer. Die Leichen wurden ins Anatomieinstitut von Straßburg gebracht und in Konservierungswannen gelegt; sie waren für die Skelettsammlung des SS-Professors Hirt bestimmt. Einige der Leichen lagen noch während der Befreiung des Elsass im November 1944 in den Wannen.)

Aus: Adélaide Hautval, Medizin und Verbrechen gegen die Menschlichkeit. Erlebnisbericht aus dem Jahr 1946, erschienen 1991. Aus dem Französischen von Hermann Unterhinninghofen

Témoignages de survivants

D'Auschwitz au Struthof

En mai 1943 surgit un nouveau protagoniste des théories raciales. Il fit le choix de son «matériel» en faisant défiler devant lui des femmes nues de tout âge. Il voulait faire de l'anthropométrie, mais il voulait surtout – pensions-nous – se mettre à l'abri des combats sous le couvert de recherches scientifiques d'importance primordiale pour l'avenir du Reich. Des mesures de toutes les parties du corps furent prises à l'infini. On nota toutes les particularités.

Un jour on leur fit savoir qu'elles avaient une chance extraordinaire d'avoir été choisies, qu'elles allaient quitter Auschwitz pour aller dans un excellent camp quelque part en Allemagne. Elles le crurent, trop heureuses de quitter cet enfer et la perspective constante de la chambre à gaz. C'est avec joie qu'elles nous firent leurs adieux. Personne n'eut le courage de les détromper. A quoi bon – d'autant plus que personne ne savait quelque chose de précis? Mais notre conviction était faite que bientôt, dans un musée du Grand Reich, elles allaient servir de témoins empaillés d'une race indigne de vivre, anéantie grâce aux mesures judicieuses prises par le national-socialisme. Nous n'entendîmes plus parler d'elles.

1987: Les malheureuses furent enmenées au camp du Struthof en Alsace et tuées dans le but que nous avions soupçonné.

(Gazées dans une chambre à gaz de fortune. Trente femmes, puis cinquante-sept hommes, en août 1943. Les corps furent transportés à l'Institut d'anatomie de Strasbourg et placés dans les cuves de conservation afin de servir à constituer la collection de squelettes du professeur SS Hirt. Quelques uns de ces corps étaient encore dans leurs cuves lors de la libération de l'Alsace en novembre 1944.)

Extrait de: Dr. Adélaide Hautval, Médecine et crimes contre l'humanité. Témoignage manuscrit Déportation écrit en 1946, revu par l'auteur en 1987, Actes Sud, 1991, p. 83–84

Arzt in den Höllen

Als Häftlingsarzt hatte man im Revier sehr viel zu tun. Nach der kleinen Frühambulanz folgte meine klinische Visite auf der chirurgischen Abteilung (die innere Abteilung wurde von Dr. Poulson geleitet, einem Norweger). Dann kamen die aseptischen und danach die septischen Operationen dran. Es kam mir zugute, dass ich Ende der zwanziger Jahre eine Zeitlang auf der Chirurgie gearbeitet hatte. So konnte ich die gewöhnlichen und nicht zu schwierigen Operationen septischer Art machen, einmal sogar mit Erfolg einen Harnröhrenriss operieren. Für den Zweifelsfall hatten wir sogar ein gutes Operationsbuch zur Hilfe.

Am häufigsten waren die septischen (eitrigen) Operationen, sechs bis acht hatte ich jeden Tag auszuführen. In den knapp zwei Jahren meiner Tätigkeit dort hatte ich an die zweitausend solcher Operationen zu machen, manchmal an sehr seltenen Stellen. Da die Heilkraft seitens der Patienten im Lager sehr gering war, bedingt vor allem durch die so schlechte Kost, mussten die septischen Wunden bei Phlegmonen mitunter ungebührlich erweitert werden. So erinnere ich mich an einen Franzosen, dessen Armphlegmone trotz Freilegung der Eiterherde weiterschritt und die deshalb immer vergrößert werden musste, bis die Wunde fast den ganzen Arm bedeckte. (Als ich diesen ehemaligen Patienten 1988 bei einem Treffen in Natzweiler wiedersah, streckte er, Eugène Marlot, mir seinen Arm entgegen und umarmte mich. Ich überzeugte mich von dessen voller Funktionsfähigkeit und sah die gut vernarbte, riesige Narbe.)

Auch für Eiterungen nach Ohrenentzündungen musste man sich interessieren, denn ein Oberarzt war nicht vorhanden. Selbstverständlich hätte die SS die Häftlinge niemals einem Arzt irgendwo außerhalb des Lagers vorgestellt. So nahm ich selbst bei etwa dreißig Patienten die Ausmeißelung des Warzenfortsatzes hinter dem Ohr vor, mit guten Erfolgen. Ohne diese Operationen hätten viele, wohl die meisten, sterben müssen.

Médecin en enfer

En tant que médecin des détenus, j'avais beaucoup à faire dans l'infirmerie. Après la petite ambulance du matin, il y avait la visite clinique dans le service chirurgical (le service de pathologie interne était dirigé par le docteur Poulson, un norvégien). S'ensuivaient les opérations septiques et aseptiques. Ayant eu la chance d'avoir travaillé un certain temps en chirurgie fin des années vingt, je pouvais effectuer les opérations septiques courantes et pas trop difficiles – j'ai même opéré un jour avec succès une déchirure de l'urètre. En cas de doute, nous avions un bon livre sur les opérations.

Les opérations septiques (suppurantes) étaient les plus courantes, je devais en effectuer de six à huit chaque jour. Pendant les deux années de mon activité ici, j'ai dû effectuer près de 2.000 opérations de ce genre, parfois à des endroits rares. Les vertus curatives des malades dans le camp étaient tellement minimes, dûes surtout à la mauvaise nourriture, qu'on devait parfois agrandir abusivement les plaies septiques lors de phlegmons. Je me souviens d'un Français, dont le phlegmon au bras empirait malgré le dégagement du foyer purulent; on devait alors agrandir celui-ci jusqu'à ce que la plaie recouvre presque tout le bras. (Quand je revis cet ancien patient en 1988 lors d'une rencontre à Natzwiller, celui-ci, Eugène Marlot, me tendit son bras et m'embrassa. J'ai pu me convaincre du bon fonctionnement de son bras et voir l'énorme cicatrice).

Il fallait aussi s'occuper des suppurations après des otites, car il n'y avait pas de médecin-chef. Il va de soi que les SS n'auraient jamais emmené un détenu voir un médecin en-dehors du camp. C'est ainsi que j'ai dû moi-même enlever à une trentaine de patients des appendices derrière l'oreille – avec succès d'ailleurs. Sans ces opérations, beaucoup, sans doute la plupart, seraient morts.

De l'après-midi au soir, nous étions entièrement occupés par le service d'ambulance.

En 1943, un département de pathologie et d'expérimentation médicale avait été installé dans la baraque de

Und vom Nachmittag bis zum Abend blieb uns die Ambulanz, die uns auch völlig ausfüllte.

1943 war in der Revierbaracke II eine pathologische und Versuchsabteilung erbaut worden. Ein großes Laboratorium, ein Behandlungsraum und zwei Krankenzimmer. Eine Menge Chemikalien waren von der Pathologie Straßburg gebracht worden, ein Abzugskasten aus Glas für Gase war eingebaut worden, eine Reihe kostbarer Apparate, Mikrotome und Mikroskope, Beleuchtungskörper usw. waren gekommen, man hatte Extramöbel für das Laboratorium konstruieren und bauen lassen und sogar aus Buchenwald waren zwei, zwar erst dort angelernte, aber versierte Pathologen eingetroffen. Professor Wimmer kam aus Straßburg. Er trug die Uniform eines Stabsarztes der Luftwaffe. Durch die Pathologen ließ er mikroskopische Schnitte machen. Diese Abteilung des Reviers war jetzt zu einem Ableger des Anatomischen Instituts in Straßburg geworden, das während des Krieges seinerseits dem Wehrtechnischen Institut eingegliedert wurde. Bald begannen die ersten Versuche.

Dazu hatte der Kommandant Kramer zwölf Berufsverbrecher ausgewählt. Sie waren in den zwei Krankenzimmern der Versuchsabteilung isoliert untergebracht. Eines Tages kam Professor Wimmer, zog sich einen großen Gummischutzmantel an, träufelte jedem der zwölf Berufsverbrecher einige Tropfen aus einigen mitgebrachten Ampullen auf den Unterarm und verrieb die Flüssigkeit mit einem Glasplättchen. Später wurde uns klar, dass das, was er da aufgetragen hatte, Gelbkreuz gewesen war, ein aus dem ersten Weltkrieg bekannter chemischer Kampfstoff. Die zwölf Leute bekamen nach einiger Zeit tiefe Löcher am Unterarm, begleitet von fast unerträglich brennenden Schmerzen. Umherfliegende Gaspartikel verursachten bei ihnen heftige Augenentzündungen, die sie für Tage und Wochen fast blind machten und sie zwangen, die Fenster stets verdunkelt zu lassen. Endlich bekamen sie noch heftige Bronchialkatarrhe und Lungenentzündungen. Drei von den zwölf Häftlingen starben. Wimmer kam häufig, schaute die Armwunden mit großem Interesse an und fotografierte sie mit einer Leica. Zuletzt sezierte er die drei

l'infirmerie II: un grand laboratoire, une salle de traitements et deux chambres de malades. De nombreux produits chimiques avaient été apportés du service pathologique de Strasbourg, un tuyau de dégagement en verre avait été installé pour les gaz ainsi que de nombreux appareils coûteux, microscopes et microtomes.

Des appareils d'éclairage étaient arrivés, on avait fait construire des meubles spéciaux pour le laboratoire et on avait même fait venir deux pathologues expérimentés de Buchenwald, «formés» là d'ailleurs.

Le professeur Wimmer venait de Strasbourg et portait l'uniforme d'un major de l'Armée de l'air. Il faisait effectuer des incisions par les pathologues. Ce service de l'infirmerie était devenu une annexe de l'Institut d'Anatomie de Strasbourg, qui pendant la guerre fut incorporé à l'Institut de Technique militaire. Les premières expériences médicales eurent lieu.

Pour celles-ci, le commandant Kramer avait choisi douze criminels. Ceux-ci furent isolés dans deux chambres de malades du département des expériences. Et puis un jour le professeur Wimmer vint, mit un grand manteau de protection en caoutchouc, versa quelques gouttes d'une ampoule sur l'avant-bras de chaque criminel et frotta le liquide au moyen d'une lamelle de verre. C'est après que nous sûmes que ce qu'il avait appliqué était l'ictère, un gaz chimique toxique de la première guerre mondiale. Les douze personnes eurent quelque temps après de profonds trous dans l'avant-bras, et des douleurs de brûlures presque insupportables. Des particules de gaz volantes provoquèrent des inflammations violentes des yeux, rendant presque aveugles pendant des jours et des semaines et obligeant à obscurcir les fenêtres. Finalement les cobayes contractèrent encore des bronchites aigües et des pneumonies. Trois d'entre eux moururent. Wimmer venait souvent, examinait avec grand intérêt les plaies aux bras, les photographiant avec sa Leica. Il finit pat disséquer les trois morts dans l'infirmerie. Les plaies des autres guérirent au bout de huit à dix semaines.

La même année, – en fait peu de temps après, un autre professeur du nom de Bickenbach arriva de l'institut de

Gestorbenen im Revier. Die Wunden der übrigen sind dann nach acht bis zehn Wochen zugeheilt.

Im selben Jahr, nicht lange danach, kam ebenfalls vom Wehrtechnischen Institut der Universität Straßburg ein anderer Professor namens Bickenbach. Auch er war Stabsarzt der Luftwaffe. Er machte eine neue Serie von Gasversuchen. Zu diesem Zweck war in Struthof, zirka einen halben Kilometer vom Lager entfernt, eine luftdichte Kammer mit Beobachtungsfenster gebaut worden. Es wurden wiederum vom Kommandanten Kramer zehn Berufsverbrecher für diese Versuche ausgewählt und in zwei Stuben der Krankenbaracke II isoliert untergebracht. Von allen zehn mussten vor Beginn der Versuche Röntgenaufnahmen der Lungen gemacht werden. Professor Bickenbach nahm nun eines Tages die zehn Leute in den Struthof. Dort bekam die eine Hälfte Tabletten zu essen, die andere Hälfte erhielt Injektionen. Darauf kamen sie zu je zwei in die Gaskammer. Dort lag auf einem Amboss eine Gas-Ampulle, die sie mit einem Hammer zerschlagen mussten. Dann wurden sie zwei oder drei Minuten in der Gaskammer gelassen und schließlich herausgeholt. Sowohl die Ampullen als auch die als Gasschutz gedachten Tabletten oder Injektionen waren genau und in der Stärke steigend gewählt. Später erfuhren wir, dass es sich bei den Schutztabletten wahrscheinlich um Urotropin gehandelt hat, und das Gas muss Grünkreuz gewesen sein. Die Versuche schienen für die Wehrmacht von großer Wichtigkeit zu sein und wurden darum sehr geheim gehalten. Die zehn Leute bekamen in den nächsten Tagen nach dem Versuch mehr oder weniger starke Lungenödeme, die sich alle röntgenologisch feststellen ließen. (…)

Die wenigen in diese Vorgänge eingeweihten Häftlinge waren sich über die enorme Bedeutung solcher Versuche vollkommen im Klaren, handelte es sich nach ihren Vermutungen dabei doch um nicht mehr und nicht weniger als um die Frage: Wird die deutsche Wehrmacht in diesem Krieg Gas anwenden oder nicht? (…) Und damals sagten wir Sanitäter: „Heute steht, ohne dass die Welt es weiß, unser kleines Lager Natzweiler im Mittelpunkt des Weltgeschehens." Nichts wünschten wir sehnlicher, als unser

technique militaire de l'université de Strasbourg. Lui aussi était major de l'armée de l'air. Il effectua une nouvelle série d'expériences avec des gaz. A cet effet, une chambre étanche avec une fenêtre d'observation avait été construite à environ un demi kilomètre du camp au Struthof. Le commandant Kramer sélectionna pour ces expériences dix autres criminels, qui furent mis à l'isolement dans deux pièces de l'infirmerie II. Avant le début de ces expériences, des radiographies des poumons des dix furent effectuées. Et puis le professeur Bickenbach les emmena un jour au Struthof. La moitié dut avaler des pilules, des injections furent inoculées à l'autre moitié. Et puis on les fit venir deux par deux dans la chambre à gaz. Il y avait là une ampoule de gaz sur une enclume qu'ils durent casser avec un marteau. On les laissa deux ou trois minutes dans la chambre à gaz avant de les en sortir. Les ampoules tout comme les pilules devant protéger des gaz et les injections avaient été choisies avec soin, d'intensité croissante. C'est après que nous apprîmes que les pilules de protection contenaient probablement de l'urotropine et que le gaz était sans doute du phosgène. Pour la Wehrmacht, les expériences tenues au secret étaient apparemment de la plus haute importance. Les dix cobayes attrapèrent des oedèmes pulmonaires plus ou moins forts les jours suivant les expériences, – ces oedèmes furent confirmés par des radiographies (…)

Le petit nombre de détenus informés de ces faits étaient parfaitement au courant de l'immense signification de ces expériences, supposant qu'il s'agissait ni plus ni moins de la question: Est-ce que la Wehrmacht va utiliser des gaz ou non dans cette guerre? (…) Et nous les infirmiers disions: «Sans que le monde le sache, notre petit camp de Natzwiller se situe aujourd'hui au centre de ce qui se passe dans le monde.» Nous souhaitions ardemment pouvoir communiquer aux Alliés nos connaissances, mais nous n'en avions pas la possibilité (…)

Les expériences continuèrent à Natzwiller. Un transport de juifs et de «demi-juifs» arriva d'Auschwitz. Ceux-ci, complètement hâves, décrivirent les durs travaux de mineurs qu'ils avaient dû effectuer à Birkenau près d'Au-

Wissen den Alliierten mitteilen zu können, aber dazu war keine Möglichkeit vorhanden (…)

In Natzweiler gingen die Versuche weiter. Es kam ein Transport von hundert Juden und Halbjuden aus Auschwitz an. Sie waren ausgemergelt und erzählten von der schweren Bergmannsarbeit in Birkenau bei Auschwitz, die sie hatten machen müssen. Eine Arbeit, bei der viele schon nach sechs Wochen zusammenklappten. Manche hatten wegen mangelnder Transportgelegenheit ihre Lagerstatt zur Nacht nicht aufsuchen können.

Dr. Berger aus Berlin war wieder da und begann erneut damit, ihre Schädel zu röntgen, wiederum von zwei Seiten. Mit den vielen Aufnahmen waren das Hunderte von Aufnahmen, und wir Sanis hatten alle Hände voll zu tun. Überall, im Operationssaal, in der Dunkelkammer und im Röntgenraum, hingen die nassen Filme herum und trockneten. Nach einigen Tagen war das geschafft. Kurze Zeit danach wurde ein Teil der Versuchsleute in ein Auto gepackt und zur Gaskammer hintergefahren. Die anderen folgten etwas später. Grauen überlief uns Häftlinge, und wir fragten uns, wann kommen wir wohl an die Reihe? Insbesondere die Politischen meinten, dass sie im letzten, gefährlichen Moment wohl kaum am Leben gelassen würden. Es waren kluge und von draußen her bekannte Politiker im Lager, die so pessimistisch waren, dass sie sagten: „Wir halten es für sicher, und wer den Nationalsozialismus in seiner ganzen Brutalität kennt, der weiß es auch, dass sie uns im letzten Moment noch abschlachten werden." (…)

Im Sommer 1943 waren einige hundert Franzosen angekommen, nationale Freiheitskämpfer, die von der SS besonders hart behandelt wurden. Schwere Arbeit von früh bis abends, so dass die Leute, die das zum Teil nicht gewohnt waren, schnell verfielen. Es waren Gelehrte dabei, Ärzte, Kaufleute, Beamte und auch viele Arbeiter. Die SS hatte einen sicherheitsverwahrten Kriminellen zum Vorarbeiter der Franzosen gemacht, van der Mühlen hieß er, ein fünfzehnmal kriminell vorbestraftes Subjekt, sterilisiert wegen Schwachsinn. Der schlug und knüppelte auf die Franzosen ein wie ein Berserker. Sie hatten (einen

schwitz. Des travaux après lesquels beaucoup étaient à bout de force déjà au terme de six semaines. Faute de transports, certains n'avaient pu rejoindre leur camp la nuit.

De nouveau, le docteur Berger de Berlin était là et recommença à radiographier les crânes, des deux côtés. Il y avait des centaines de radiographies, et nous les infirmiers avions fort à faire. Les films humides étaient suspendus partout et sèchaient dans la salle d'opérations, dans la chambre noire et dans la salle de radiographies. Ce fut terminé en quelques jours. Peu de temps après, on poussa une partie des cobayes dans des voitures et on les conduisit à la chambre à gaz. Les autres suivirent après. Nous, les détenus, étions horrifiés, nous demandant quand serait notre tour. Surtout les politiques pensaient qu'on ne les laisserait pas en vie au dernier dangereux moment. C'étaient des hommes politiques intelligents et connus, si pessimistes qu'ils affirmaient: «Nous en sommes sûrs, et celui qui connaît le national-socialisme dans toute sa brutalité sait aussi qu'ils nous massacreront au dernier moment.» (…)

Quelques centaines de Français étaient arrivés en été 1943, des partisans patriotes qui furent particulièrement maltraités par les SS. Durs travaux du petit matin au soir, si bien que ceux qui n'y étaient pas habitués dépérissaient rapidement. Il y avait parmi eux des savants, des médecins, des gens de commerce, des fonctionnaires et aussi de nombreux ouvriers. Les SS avaient institué comme contre-maître des Français un criminel dangereux, du nom de van der Mühlen, un sujet déjà condamné quinze fois et qui avait été stérilisé pour débilité mentale. Il frappait et cognait comme un vandale. Les détenus devaient pousser une brouette jusqu'en haut de la colline – van der Mühlen rejetait en bas de la colline ceux qui lui déplaisaient. En bas il y avait un poste qui tirait et tuait ceux qui roulaient près de lui. Huit ou neuf furent tués de cette manière. La chaleur torride de l'été avait épuisé les Français dont plusieurs s'étaient écroulés.

Les SS leur interdisaient d'aller à l'infirmerie. Nombreux étaient ceux avec des plaies aux pieds, d'autres

Schubkarren – A.d.R.) einen Hügel hinauf zu karren, und wer dem van der Mühlen nicht passte, den schleuderte er den Hügel hinunter. Unten stand ein Posten, an dem der Mann vorbe rollte, und der Posten schoss ihn tot. So waren schon acht oder neun erschossen worden. Die glühende Hitze des Sommers hatte die Franzosen vollends fertig gemacht, und viele waren zusammengeklappt.

Die SS verbot ihnen jedoch, ins Revier zu gehen. Viele hatten Fußwunden, einige bekamen Phlegmonen, hohes Fieber, aber sie durften nicht ins Revier. Die nicht mehr laufen konnten, mussten morgen von ihren Kameraden zur Arbeit getragen werden, in der Gluthitze lagen sie dann dort den Tag über, und abends mussten sie wieder mit ins Lager hineingenommen werden. Viele, viele starben. Schließlich erlaubte man dem Revier, die Leute wenigstens in ihrem eigenen Block zu verbinden. Den Augen der Sanitäter boten sich schreckliche Bilder: Wunden an den Beinen, in die man zwei Fäuste hineinlegen konnte und in denen bereits Hunderte von Maden wimmelten. So gut es ging, wurden nun die Leute versorgt. Aber es dauerte noch Monate, ehe die SS erlaubte, die Leute im Revier aufzunehmen, und bis dahin war ein großer Teil schon gestorben (…)

Einmal kamen zu Versuchszwecken aus Auschwitz hundert Zigeuner an. Zwölf waren bereits unterwegs gestorben, und viele waren so entkräftet, dass sie nur noch wenige Tage oder Wochen zu leben hatten. Der Kommandant befahl deshalb dem Vorarbeiter: „Was zu schwach ist und die Versuche nicht aushält – weg damit!" Und wieder fand er Leute, die seine Befehle ausführen mussten.

Der Rest, ungefähr achtzig Zigeuner, litt in unvorstellbarem Maße an Krätze. Und nun wurde gesalbt, mehrmals am Tage, bis nach drei Wochen alle eine blanke Haut hatten. Dann kam die Prüfungskommission der SS und mit ihnen die Professoren aus Straßburg. Sie sahen die achtzig, die nackt an ihnen vorbeidefilieren mussten, und fanden, dass sie zu schwach für die Versuche wären und also ungeeignet. Die achtzig Zigeuner wurden wieder verladen und mit unbekanntem Ziel verschickt. Ein Beschwerdebrief ging nach Auschwitz und mit ihm eine neue

avaient des phlegmons, des fortes fièvres, mais ils n'avaient pas le droit d'aller à l'infirmerie. Et ceux qui ne pouvaient plus marcher devaient être portés le matin par leurs camarades sur le lieu de travail où il gisaient toute la journée sous une chaleur torride, avant d'être transportés de nouveau au camp le soir. Ils furent nombreux à mourir. Finalement on autorisa les infirmiers à bander les malades au moins dans leurs blocs. Des images horribles s'offraient aux yeux des infirmiers: des plaies aux jambes dans lesquelles on eût pu mettre deux poings et qui grouillaient déjà de centaines de vers. On essayait d'apporter des soins aux malades. Mais il pouvait se passer des mois avant que les SS n'autorisent à accepter les malades à l'infirmerie, beaucoup d'entre eux moururent (…)

Un jour, ce furent cent tziganes qui arrivèrent d'Auschwitz pour des expériences médicales. Douze d'entre eux étaient déjà morts en chemin, beaucoup étaient tellement affaiblis qu'ils n'avaient plus que quelques jours ou quelques semaines à vivre. Le commandant donna donc des ordres au contremaître: «Débarrassez-vous de ceux qui sont trop faibles et ne résistent pas aux expériences!» Et il trouvait encore des gens pour effectuer ses ordres.

Le reste, environ quatre-vingt tziganes, souffraient horriblement de la gale. On leur appliqua alors des pommades plusieurs fois par jour si bien qu'au bout de trois semaines ils avaient tous la peau à vif. La commission de contrôle et les professeurs de Strasbourg revinrent, observèrent les quatre-vingt détenus qui devaient défiler nus devant eux et estimèrent ceux-ci trop faibles, donc pas appropriés pour les expériences. On rechargea les quatre-vingt tziganes, les renvoyant à une destination inconnue. Une lettre de réclamation fut envoyée à Auschwitz et une nouvelle commande. Arrivèrent de nouveau quatre-vingt tziganes, mais cette fois-ci, ils avaient été sélectionnés forts et en bonne santé, parmi eux de nombreux contremaîtres (…)

Et de nouveau, un professeur vint de Strasbourg, fit défiler les détenus nus et les trouva appropriés. Il vaccina la moitié, soit quarante hommes, avec un nouveau vaccin dont il voulait essayer l'efficacité. Les quarante eurent

Menschenbestellung. Wiederum kamen achtzig Zigeuner an, aber diesmal waren es ausgesucht Kräftige und Gesunde, viele Vorarbeiter dabei …

Eines Tages kam dann wieder ein Professor aus Straßburg, ließ alle nackt vorbeimarschieren und fand sie geeignet. Er impfte die Hälfte, vierzig Mann, mit einem neuen Impfstoff, dessen Wirksamkeit er ausprobieren wollte. Die vierzig bekamen für einige Tage leichte Temperatur, das klang wieder ab. Etwas später wurde den vierzig Blut abgenommen, um die Höhe ihrer Abwehrstoffe zu bestimmen. Dann erst kam der Hauptversuch: Sie wurden alle mit Flecktyphus infiziert, wobei gesehen werden sollte, ob die vierzig Vorbehandelten den Typhus etwa nicht oder in milderer Form bekämen … Wie dieses Experiment zu Ende ging, weiß ich nicht, denn hier endet meine Tätigkeit in Natzweiler. Die Intrige eines neuen Vorarbeiters und seiner Clique, die mit den Kriminellen paktierte, drohte sich gegen mich zu wenden. Aber da man mir nichts vorwerfen konnte, verleumdete man mich beim Kommandanten, genau wie man gegen andere politische Kameraden mit Verleumdungen und Unterstellung angeblicher Schiebungen gearbeitet hatte. Ein Friseur war Zuträger zum Kommandanten. Es hieß, ich sei zu selbständig, ich ginge über die Anordnungen des SS-Lagerarztes hinweg. So entschied der Kommandant meine Versetzung. Der Reichsarzt der SS-Lager versetzte mich daraufhin nach Sachsenhausen …"

pendant plusieurs jours une fièvre légère qui disparut peu à peu. Un peu plus tard, on préleva du sang aux quarante pour apprécier leur capacité de résistance. Puis l'expérience principale se fit: on leur inocula la fièvre pourprée. Il s'agissait de voir si les quarante qui avaient été traités auparavant n'auraient pas une forme moins grave de typhus. Je ne sais pas comment cette expérience se termina, car mes activités prirent fin à Natzweiler. L'intrigue d'un nouveau contremaître et de sa clique qui pactisait avec les criminels menaçait de se retourner contre moi. Mais comme on n'avait rien à me reprocher, on me diffama auprès du commandant, comme on le faisait avec d'autres camarades politiques qu'on accusait de soi-disant manœuvres frauduleuses. J'aurais été trop indépendant et n'aurais pas suivi les ordres du médecin SS du camp. Le commandant décida donc de ma mutation. Le médecin du Reich des camps SS me muta à Sachsenhausen …»

Aus: Fritz Lettow, Arzt in den Höllen. Erinnerungen aus vier Konzentrationslagern, edition ost, Berlin 1997.

Extrait de: Fritz Lettow, Médecin en enfer. Souvenirs de quatre camps de concentration, édition ost, Berlin 1997.

Von Osten nach Westen

Gehen wir von Osten nach Westen, von Auschwitz nach Natzweiler.
Der Text ist identisch, nur die Melodie ist anders.

Alle diese Lieder, ob heiter oder schmutzig,
ähneln sich und würden eine Welt bevölkern.

Also geschah es eines Tages in Natzweiler:
fünf Gefangene, des düsteren Aufenthalts müde,

riefen aus gemeinsamem Antrieb
ein Schimpfwort gegenüber einem mitgefangenen Vorarbeiter zu.

Jener, aus Rache und als guter „Vorarbeiter",
plauderte aus, wer ihn geärgert hatte.

Der SS-Mann wollte diejenigen exemplarisch züchtigen,
die das Unglück hatten, dem Vorarbeiter zu missfallen.

Ihnen wurde befohlen, mit eigenen Händen
fünf tiefe Löcher hintereinander auf dem Weg auszugraben.

Die Lerchen stiegen zum Himmel empor und trillerten dabei,
auf der Straße knirschten die schweren Schubkarren.

Mit hervorstehenden Muskeln, mit der Kraft ihrer Arme und ohne vom Weg abzuweichen,
schoben die Häftlinge Schotter und Kiesel.

Die Verurteilten stellten sich aufrecht in ihren Gräbern hin,
ihre Gefängniskumpel warfen die Erde hinein.

Entsprechend dem Befehl ragte lediglich
der kahle nackte Kopf aus der Erde hervor.

Sieh diese Totenköpfe, die bewegungslos grinsen,
das SS-Abzeichen auf dem Jackenaufschlag.

Die Häftlinge wurden aufgefordert, mit dem Vorderrad
die fünf rasierten Schädel platt zu drücken.

D'est en ouest

Passons d'est en ouest, d'Auschwitz à Natzweiler.
Le texte est identique et seul est changé l'air.

Car toutes ces chansons soit pures, soit immondes,
Sont de même façon et peupleraient un monde.

Or donc à Natzweiler il arriva qu'un jour
Cinq bagnards imprudents, las du morne séjour,

D'un réflexe commun en vinrent à commettre
Un gros mot à l'endroit d'un bagnard contremaître

Celui-ci, par vengeance, en bon «vorarbeiter»,
S'en alla rapporter qui l'avait em...bêté.

L'SS voulut châtier de façon exemplaire
Ceux qui au contremaître eurent l'heur de déplaire.

Ordre leur fut donné de creuser de leurs mains
A la file cinq trous profonds sur le chemin.

Grimpant au ciel, tireliraient les alouettes;
Sur la route grinçaient, pesantes les brouettes.

Muscles saillants, à bout de bras, sans dévier,
Les détenus poussaient pierrailles et gravier.

Dans leurs tombeaux les condamnés droits se plantèrent
Leurs compagnons ajoutèrent la terre.

Seule et nue émergeait selon l'ordre reçu,
A ras du sol, la tête rase par-dessus.

Vois ces têtes de mort qui grimacent sans geste,
Ornement des SS sur le revers des vestes.

Les détenus furent requis pour écraser,
De la roue en avant les cinq crânes rasés.

Die Verweigerung des Gehorsams bedeutete, ohne jegliche Begünstigung, das Schicksal der Verurteilten zu teilen.	Refuser d'obéir signifiait, sans le moindre Avantage, le sort des condamnés rejoindre.
Mit hervorstehenden Muskeln, mit der Kraft ihrer Arme und ohne vom Weg abzuweichen, schoben die Häftlinge Schotter und Kiesel.	Muscles saillants, à bout de bras, sans dévier, Les détenus poussaient pierrailles et gravier.
Auf dem Weg knirschten die schweren Schubkarren, Die Lerchen stiegen zum Himmel empor und trillerten dabei.	Sur la route grinçaient pesantes les brouettes Grimpant au ciel, tireliraient les alouettes.
Der SS-Mann war ungeduldig; ein erster fasste Mut, füllte den Karren mit Kieseln, schloss die Augen und ging los.	L'SS s'impatientait; un premier s'enhardit Fit son plein de gravier, ferma les yeux, partit.
Wer würde nicht bestürzt gebrochen sein, mit krankem Herz und Gehirn, auf diese Weise selbst einen Kameraden hinzurichten?	Qui ne chavirerait, cœur et cerveau malades, D'exécuter ainsi soi-même un camarade?
Aus dem ersten Kopf stieß ein furchtbares Schrei; der blinde Kärrner hielt an, überrascht. (…) Der Schwung war den erbärmlichen schneidenden Rädern gegeben, die das Gehirn in Sand und Schlamm rollen.	De la première tête, affreux, jaillit un cri; L'aveugle brouetteur s'arrêta net, surpris (…) L'élan était donné aux pitoyables roues Qui roulent la cervelle en le sable et la boue.
Die weißen, blauen, grauen Teile mit diskretem Ocker geädert, vermischen sich mit dem Kieserdenstaub.	Les fragments blancs, bleus, gris, veinés d'ocre discrets, Se confondent avec la poussière de grès.
Eine Stunde danach, das Hin und Her vorne und hinten von zerquetschten Knochensplittern bestreuen den Steinbruch.	Une heure après, le va-et-vient avant, arrière, D'esquilles d'os broyés parsemèrent la carrière.
Die Lerchen trillerten, zum Himmel hinaufsteigend; auf der Straße knirschten die schweren Schubkarren.	Muscles saillants, à bout de bras, sans dévier, Les détenus poussaient pierrailles et gravier.
	Sur la route grinçaient pesantes les brouettes Grimpant au ciel, tireliraient les alouettes.

Auszug aus: Léon Leloir, Buchenwald, éd. Du Rendez-Vous, Paris 1945. Léon Leloir war ein belgischer Feldgeistlicher, der in Buchenwald Zeugenaussagen in Alexandriner setzte – um nicht verrückt zu werden. Sein Buch erschien in einer Auflage von 210.000 Exemplaren.

Extrait, Éd. Du Rendez-Vous, Paris 1945. Léon Leloir, aumônier belge, a mis en alexandrins les témoignages à Buchenwald, pour ne pas devenir fou. Son livre fut édité à 210.000 exempaires.

Die stillen Helden

Wir möchten an diejenigen erinnern, die sich in diesem Elend darum bemühten, die Wunden zu pflegen und den Schmerz zu lindern. Unzählige Landsleute haben oft ihr Leben riskiert und gaben den Hungernden ein Stück ihres Proviants, um den Hunger zu stillen, jedesmal wenn sich die Gelegenheit dazu bot.

In den ersten Jahren der Einrichtung des Lagers bemühten sich die Zivilarbeitenden ihrerseits, ihren unglücklichen Arbeitskameraden Butterbrote zu verschaffen. Wer wird diese vielen Selbstaufopferungstaten im Verborgenen bekannt machen, welcher Barde wird den nächsten Generationen die versteckte Heldenhaftigkeit dieser Menschen aus dem Volk besingen, die ihren Brüdern zur Hilfe kamen, im Risiko ihrer eigenen Lage und Existenz?

Die Erinnerung an diese elsässischen Helden wird bei den Opfern weiterleben, die dem Bagno von Struthof entkamen und in ihre Familien in der Ukraine, in Polen, in Jugoslawien, in Norwegen, in Belgien oder in Holland zurückkehrten.

Zum Schluss sei es uns erlaubt, denjenigen zu erwähnen, der zu Recht als Held des Lagers genannt werden kann: Jean Montovani, Steinmetz in Senones (Vogesen). Seine legendären Heldentaten sind der ganzen einheimischen Bevölkerung der Umgebung bekannt. Sein Name ist für immer mit dem Namen Struthof verbunden. Der Lagerkommandant schätzte seine seltenen Künstlereigenschaften hoch. Er ließ ihn montags mit dem Wagen abholen und brachte ihn samstags nach Hause zurück, durch die neue Grenze von Donon; er ahnte dabei nicht, dass wertvolle Auskünfte über das Lager nach Frankreich vermittelt wurden, und dass im Gegenzug falsche Ausweise aus den Zentralen der Résistance der Vogesen für die Brüder im Elsass geliefert wurden, die nicht unter Hitlers Fuchtel standen und sich der Mobilisierung unter dem Hakenkreuz entziehen wollten. (…)

Auszug aus: Albert Hornung, Le Struthof (Camp de la Mort), Paris 1945, S. 102 f

Les héros

Nous voudrions … rappeler le souvenir de ceux qui, au milieu de tant de misères, s'ingénièrent à panser les blessures et à diminuer les souffrances. D'innombrables compatriotes, le plus souvent au risque même de leur existence, donnèrent de leurs rares provisions pour calmer la faim de ces affamés, chaque fois que l'occasion s'en présenta.

Les travailleurs civils, de leur côté, s'ingénièrent au cours des premières années de l'installation du camp, à procurer des tartines à leurs misérables compagnons de travail. Qui est-ce qui fera connaître la somme de ces obscurs dévouements, quel barde contera aux générations à venir l'héroisme caché de ces hommes du peuple qui secouraient leurs frères au risque de leur situation et de leur existence?

Le souvenir de ces héros alsaciens vivra parmi les victimes échappées du bagne du Struthof et revenues dans leurs foyers d'Ukraine, de Pologne, de Yougoslavie, de Norvège, de Belgique ou de Hollande.

Enfin, qu'il nous soit permis avant de clore, de mentionner celui qui, à juste titre, peut être appelé le héros du camp: Jean Montovani, tailleur de pierres à Senones (Vosges). Ses exploits légendaires sont connus par toute la population autochtone alentour. Son nom est à jamais lié à celui du Struthof. Le commandant du camp appréciait hautement ses rares qualités d'artiste. En le faisant chercher en voiture les lundis et en le ramenant à son domicile les samedis, à travers la nouvelle frontière du Donon, il ne se doutait point que de précieux renseignements sur le camp partaient en France, et qu'au retour, de fausses pièces d'identité venaient des centrales vosgiennes de la Résistance pour les frères d'Alsace, qui voulaient se soustraire à la férule hitlérienne et à la mobilisation sous la croix gammée. (…)

Extrait de: Albert Hornung, Le Struthof (Camp de la Mort), Paris 1945, pp. 102; Éditions de la Nouvelle Revue Critique, Paris 1945, pp. 102

Solidarität und Sabotage

Raymond Schutz, ein politischer Häftling aus Luxemburg, hatte im Kommando Steinbruch-Hallen relativ schnell Zugang zu den Funktionen eines Kapos aller „Hallen" (Demontage von Junkers Flugzeug-Motoren). Seine beruflichen Kenntnisse und Erfahrungen als ehemaliger Schüler der staatlichen Berufsschule von Esch-sur-Alzette (1929–1932) und als Monteur in der Präzisionswerkstatt von Arbed-Esch (heute Arcelor) zwischen 1932 bis zu seiner Inhaftierung hatten die Aufmerksamkeit von SS-Standartenführer Carl Blumberg geweckt.

1943 stand das Häftlingsbüro (Häftlingsschreibstube) des KZ-Lagers unter der Leitung der politischen Häftlinge (Rote Winkel). Die Personalakte Raymond Schutz war den einflussreichen Mitgliedern des Büro bekannt. Sie erfreuten sich darüber, dass der „Hallen-Demontage-Komplex" in die Einflusszone der politischen Häftlinge hinüberglitt.

Als militanter Widerstandskämpfer der Gruppe L.F.K. (Letzebuerger Fräiheetskämpfer) seit 1941 hatte Raymond Schutz viele geheime Flugblätter-Schriften (die so genannten Hetzschriften) gegen die Maßnahmen des Chefs der Zivilverwaltung (C.d.z.) verteilt, d.h. Gauleiter Gustav Simon, Gau Moselland (ehemaliger Gau Koblenz-Trier).

Sein Café „Roude Léiw" (der Rote Löwe des luxemburger Wappens) in Tétange (Tetingen) war das Versammlungslokal der L.F.K. Die Gastwirtin Marie Schutz-Urbani, Gattin von Raymond Schutz, unterstützte ihn mit sehr viel Courage.

Er wurde zum ersten Mal am 8. Oktober 1941 verhaftet. Das „Café" wurde geschlossen bis zur Befreiung des Großherzogtums Luxemburg im September 1944 durch die Amerikaner (USA). Raymond Schutz wurde inhaftiert in Luxemburg und Hinzert bis zum 10. Dezember 1941. Nach seiner Entlassung verweigerte er jede Zusammenarbeit (collaboration) mit den Nazis und lieferte wie vor seiner Verhaftung Lebensmittel an die russischen Arbeiter seiner Arbeitsstelle, des Stahlwerk Arbed-Esch.

La solidarité et le sabotage

Raymond Schutz, détenu politique luxembourgeois, accéda relativement vite aux fonctions de contre-maître de «halles» (démontage des moteurs d'avion Junkers). Ses connaissances professionnelles, ancien élève de l'école professionnelle de l'Etat d'Esch-sur-Alzette (1929–1932) et son expérience professionnelle d'ajusteur à l'atelier de précision Arbed-Esch (aujourd'hui ARCELOR) de 1932 jusqu'à son arrestation, avaient attiré l'attention du colonel SS Carl Blumberg.

Le bureau des détenus, à l'époque géré par les détenus politiques, se réjouissait de voir passer le complexe des halles de démontage dans la zone d'influence des détenus politiques. Le dossier de Raymond Schutz était connu des membres influents du bureau des détenus.

Résistant militant du groupe L.F.K. Letzebuerger Fräiheetskämpfer (Combattants luxembourgeois de la liberté) depuis 1941, il avait distribué de nombreux tracts clandestins.

Son café «Roude Léiw» (le «lion rouge» aux armoiries luxembourgeoises) à Tétange, où se réunissaient les membres du L.F.K. fut fermé le 8 octobre 1941, (jusqu'à la fin de la guerre). Arrêté une première fois le 8 octobre 1941, il fut interné à Luxembourg et à Hinzert jusqu'au 10 décembre 1941. Libéré, il continuait à refuser farouchement toute collaboration avec l'occupant nazi et fournissait des vivres aux Russes, ouvriers de l'usine Arbed-Esch. Il fut assisté courageusement par son épouse Marie-Schutz-Urbani.

Arrêté une deuxième fois le 21 janvier 1943, il fut interné à Luxembourg, Hinzert (camp spécial SS- ensuite KZ dans le Hunsrück) et Natzweiler-Struthof.

Raymond Schutz était discret en matière politique, ce qui était conforme aux visées du bureau des détenus et à l'intérêt de Helmut Podam, kapo «triangle vert» (criminel) dans la carrière et les halles de plus en plus disposé à coopérer avec les détenus politiques.

Am 21. Januar 1943 wurde er zum zweiten Mal verhaftet und in Luxemburg, Hinzert (SS-Sonderlager – später KZ im Hunsrück) und Natzweiler-Struthof inhaftiert.

Im politischen Bereich war Raymond Schutz diskret, was den Zielen des Häftlingsbüros entsprach und im Interesse von Helmut Podam war, dem Steinbruch- und Hallen-apo mit dem grünen Winkel (genannt B.V., Berufsverbrecher), der mehr und mehr dazu bereit war, mit den politischen Häftlingen zusammenzuarbeiten.

Nach seinem Zugang zu der technischen Leitung der Hallen unternahm Raymond Schutz sofort alles, um zunehmend politische Häftlinge in den Hallen unterzubringen und sie zu Hallen-Kapos nominieren zu lassen. Unter dem Einfluss von Raymond Schutz schwor Blumberg bald nur auf die Ehemaligen der Stahlwerke Arbed, Hadir, „Rodange" (heute ARCELOR) und auf die Diplomierten der bestehenden oder imaginären luxemburgischen technischen Schulen. Gewiss, Raymond Schutz war dazu gezwungen, mit Podam zu kombinieren und die mit dem verantwortlichen Kapo befreundeten „grünen Dreiecke" in den Hallen zu akzeptieren. Aber wie viele norwegische, niederländische und andere NN-Häftlinge (französische NN waren weder im Steinbruch noch in den „Hallen" zugelassen) sowie Russen verdankten ihm ihren Platz unter geschütztem Dach, am Feuerkamin, und entkamen so der rauen Vogesen-Witterung! In Anwesenheit des Befürworters der Vernichtung, Eugen Buttner, SS-Kommandoführer Steinbruch und Hallen, sprach Raymond Schutz den NN-Häftlingen hoch spezialisierte Qualifizierungen zu, um Blumberg von dem Eintritt bzw. dem Verbleib der NN-Häftlinge in den Hallen zu überzeugen.

Diese Fürsprachen fanden immer in einem sehr angespannten Versammlungsklima statt. Auf der einen Seite Buttner und Podam, Schutz und seine Alliierten, die elsässischen Zivilvorarbeiter. Auf der anderen Seite der sehr kühle, distanzierte, schlanke, mit eleganten Uniformen bekleidete SS-Standartenführer Carl Blumberg, der stets Handschuhe und gold- oder silberumrahmte Brillen trug: der Typus des Schreibtischmörders. Er verfolgte aufmerksam die Erklärungen des nützlichen und vielleicht unent-

Dès son accession à la gestion technique des «halles», Raymond Schutz mit tout en œuvre pour «caser» de plus en plus de détenus politiques dans les halles et d'en faire nommer aux postes de maîtrise. Bientôt Blumberg, sous l'influence de Raymond Schutz, ne jurait plus que par les anciens des Arbed, Hadir, «Rodange» (aujourd'hui ARCELOR) et les diplômés d'écoles techniques luxembourgeoises existantes ou imaginaires. Raymond était, certes, obligé de composer avec Podam et d'accepter dans les halles des «triangles verts» amis du kapo en chef. Mais combien de détenus NN norvégiens, néerlandais et autres (les détenus NN français étaient interdits de la carrière et des halles) ainsi que des détenus russes lui devaient leur place à l'abri d'un toit, au coin du feu, soustraits aux rigueurs du climat vosgien. En présence de Eugen Buttner, le protagoniste de l'extermination et SS-Kommandoführer de la carrière et des halles, Raymond Schutz, attribuait aux détenus NN des qualifications hautement spécialisées pour convaincre Blumberg d'accepter ou de maintenir les NN dans les halles.

Ces interventions se déroulaient toujours dans une atmosphère très tendue de réunions où se trouvaient confrontés, d'une part, Buttner et Podam, Schutz et ses alliés, les contemaîtres civils alsaciens et d'autre part Carl Blumberg, très distant, de taille svelte, vêtu d'uniformes élégants, toujours ganté, portant des lunettes cerclées d'or ou d'argent, le type du «bureaucrate assassin», attentif aux explications du détenu-contemaître Raymond Schutz, le technicien utile et peut-être indispensable.

Cela étant, il ne fallait pas perdre de vue la raison d'être des halles: récupérer des pièces réutilisables dans de nouveaux moteurs d'avion. Ces pièces étaient expédiées à l'Elmag-Lager à Strasbourg, probablement un magasin de stockage «l'Elmag, Elsässische Maschinenbau GmbH» à Mulhouse (1940–1944). Il était de notre devoir de produire le moins possible et de «travailler des yeux», expression russe signifiant «ne pas travailler» ou de faire semblant de travailler par l'exécution de bruitages bien orchestrés. Mais il fallait faire mieux, à savoir travailler au marteau pour démolir le plus de pièces récupérables. Il

behrlichen Technikers, des inhaftierten Hallen-Kapo Raymond Schutz.

Dabei sollte man den Grund für die Daseinsberechtigung in den Hallen nicht aus den Augen verlieren: Wieder verwendbare Teile sollten für neue Flugzeugmotoren gewonnen werden. Diese Teile wurden dem Elmag-Lager in Straßbourg geschickt, wahrscheinlich dem Lager „Elmag, Elsässische Maschinenbau GmbH" in Mulhouse (1940–1944). Unsere Aufgabe war es, so wenig wie möglich zu produzieren und „mit den Augen zu arbeiten" – einem russischen Ausdruck, der bedeutete: nicht arbeiten oder so zu tun, als ob man arbeiten würde, durch gut orchestrierten Lärm. Aber wir mussten noch besser arbeiten, das heißt mit dem Hammer, um so viele verwendbare Teile wie möglich zu zerstören. Es war unerlässlich, dieses Zerschlagen nach bestimmten Regeln und Vorsichtsmaßnahmen zu organisieren. Denn es war Sabotage, und wenn diese entdeckt wurde, bedeutete dies Tod durch Erhängen. Trotz der eingegangenen Risikos wurde die Sabotage zunehmend zur aktiven Résistance, da die Schlüsselposten in den Hallen von politischen Häftlingen besetzt waren. Vorsicht war geboten. Raymond Schutz hatte sich mit mir lange darüber unterhalten. Eines Tages stellte er mich Blumberg vor. Im Ergebnis der Unterredung wurde das Sekretariat der „Junkers Motoren" vom Kommandobüro Steinbruch in die von Raymond Schutz geleitete Halle verlegt. Unter der Leitung von Raymond Schutz wurde ich Sekretär der Hallen. Blumberg kam hierher, um sich zu erkundigen und dem Hallensekretariat seine Befehle zu geben, das sich dadurch zu einem Generalquartier der elsässischen Zivilvorarbeiter entwickelte. Mit deren Hilfe, aber immer in ihrer Abwesenheit, verbrannte Raymond Schutz in meiner Gegenwart die Verwaltungspapiere, die bestimmten Motoren beilagen, deren wieder verwendbare Teile in den Schrotthaufen gelandet waren. Im Unterschied zu anderen Unternehmen, in denen die Häftlinge in einem schrecklichen Arbeitsklima schufteten, achtete Raymond Schutz auf die Aufrechterhaltung einer Stimmung, die allen erlaubte, zunehmende Ruhemomente zu genießen.

Zahlreiche Kameraden aller Nationalitäten schulden ihr Leben Raymond Schutz.

était indispensable d'organiser la casse suivant certaines règles et précautions. C'était le sabotage. En cas de découverte, c'était la mort par pendaison. Malgré les risques courus, le sabotage prenait de plus en plus l'envergure de résistance active parce que les postes-clés des halles étaient occupés par des détenus politiques. La prudence était de rigueur. Raymond Schutz s'était longtemps entretenu à ce sujet avec moi. Il me présenta, un jour, à Blumberg. Le résultat de l'entretien fut le transfert du secrétariat des «moteurs Junkers» du bureau du kommando dans la halle dirigée par Raymond Schutz. Sous la direction de Raymond Schutz, je devins le secrétaire des halles. Blumberg venait prendre ses renseignements et donner ses ordres au secrétariat des halles qui de ce fait évolua en quartier général des contremaîtres civils alsaciens. Avec leur aide, mais toujours en leur absence, Raymond Schutz brûlait, en ma présence, les pièces administratives accompagnant certains moteurs dont toutes les pièces récupérables ou non avaient pris le chemin du tas de ferraille. Contrairement à d'autres entreprises où les détenus peinaient dans un climat de travail épouvantable, Raymond Schutz veillait au maintien d'une ambiance permettant à tous de profiter de plus en plus d'instants de tranquillité.

Nombre de camarades de toutes nationalités doivent leur vie à Raymond Schutz.

Extrait de: Germain Lutz, Une traversée par nuit et brouillard des camps de concentration de Natzweiler-Struthof, Hinzert et Dachau, in: Arnold Kientzler (Hg.), Le camp de concentration de Struthof, Témoignages, collection documents t. 3, Essor, Mutzig 1998, pp 41–42.

Auszug aus: Germain Lutz, in: Le camp de concentration du Struthof, Témoignages, Essor Mutzig 1998, S. 41 f. Übersetzung.

Eine heimliche und sorgfältige Solidarität

Meine Kennnummer: 4487, bedeutet, dass ich Teil des zweiten NN-Franzosenkonvois war, der am 12. Juli 1943 ankam. Davor gab es den Konvoi des 9. Juli, danach den dritten Konvoi vom 15. Juli (…)

Einige trafen sich wieder, aus der gleichen Résistance-Gruppe, mit ihrem Chef oder Verantwortlichen. Und dies hatte eine gewisse Bedeutung, um die Verbindungen zwischen uns zu fördern und um uns gegenseitig zu helfen.

Innerhalb des Lagers hatten wir vor allem mit dem Blockältesten zu tun, einer echten Bestie.

Auf dem Werkgelände hatten wir mit dem Sadismus der SS, mit ihren Hunden und mit ihren Kapos zu tun.

Täglich verlängerte sich die Liste unserer Verwundeten (…) Bereits am 11. Juli, zwei Tage nach der Ankunft des ersten Konvois, waren mehr als die Hälfte der 56 Franzosen ernsthaft verletzt, durch die Stockschläge der SS-Bestien an jenem schweren, tragischen und nicht endenden Sonntag.

Bald, sehr schnell, begann sich eine Kette der Solidarität zu organisieren.

Am Abend desselben 11. Juli war ein saarländischer Antifaschist, Ferdinand Holl, Krankenpfleger im Revier, heimlich in den Block gekommen, um die Wunden zu pflegen, mit etwas Desinfektionsmittel und mit Verband aus Papier.

Unsere vier Ärzte, Häftlinge wir, (Dr. Léon Boutbien, Henri Chrétien, Lavoué und Planchais) und Gelegenheitskrankenpfleger hatten jeden Abend viel zu tun, da die Liste der Verwundeten immer länger wurde. Man musste die Pflaster am nächsten Morgen abnehmen, so dass die SS nichts erfuhr (…)

Als NN hatten wir kein Recht auf Pflege.

Uns war das Revier verwehrt.

Die Solidarität drückte sich auch in der Bildung von Teams von „Trägern" für die Kameraden aus, die nicht stehen konnten. Man musste sie zum Appellplatz trans-

Solidarité clandestine et méticuleuse

Mon numéro matricule: 4487, indique que je faisais partie du deuxième convoi de Français N.N., arrivés le 12 juillet 1943, précédé par le premier convoi du 9 juillet et suivi du troisième convoi le 15 juillet (…)

Le fait de se retrouver plusieurs d'un même groupe de résistance, autour de leur chef ou responsable, avait une certaine importance pour faciliter les liaisons entre tous et pour nous entraider.

À l'intérieur du camp, nous avions à faire surtout au chef de block, véritable brute.

Au chantier, nous avions à faire au sadisme des SS, à leurs chiens et à leurs Kapos.

Chaque jour la liste de nos blessés s'allongeait (…) Dès le 11 juillet, surlendemain de l'arrivée du premier convoi, plus de la moitié des cinquante-six Français étaient sérieusement blessés par les coups de matraques des brutes SS tout au long de la tragique épreuve de ce dimanche interminable.

Dès lors, très vite, une chaîne de solidarité commença à s'établir.

Le soir même de ce 11 juillet, un antifasciste sarrois, Ferdinand Holl, infirmier au Revier, était venu en cachette au block, avec un peu de désinfectant pour soigner les plaies, et des bandes de pansement en papier.

Nos quatre médecins, détenus comme nous, (les docteurs Léon Boutbien, Henri Chrétien, Lavoué et Planchais) et des infirmiers de circonstance, avaient de quoi s'occuper chaque soir, où la liste des blessés n'arrêtait pas de s'allonger. Il fallait défaire les pansements le lendemain matin pour que les SS n'en sachent rien (…)

N.N. nous n'avions pas droit aux soins.

Interdits de Revier…

La solidarité s'exprimait aussi par la formation de porteurs des camarades qui ne pouvaient se tenir debout. Il fallait les transporter sur la place d'appel, puis au chantier où ils devaient rester allongés sur le sol caillouteux, par

portieren, dann zum Werkgelände, wo sie auf dem steinigen Weg bei allen Witterungen liegen bleiben mussten.

Die Solidarität zeigte sich noch und vor allem im Sammeln eines kleinen Stücks Brot, das jeder von seiner unzureichenden Portion entnahm. Dies wurde am Abend gemacht, an jedem Tisch.

Ein Team von zuverlässigen Kumpeln organisierte sodann die Verteilung an die Hilfsbedürftigen und Schwächsten, deren Liste von unseren Ärzten erstellt wurde und vom Solidaritätskomitee, das u.a. aus dem Freischärler Roger Leroy (genannt Petit Jean), dem Priester Bidaux, aus zwei oder drei anderen Kameraden sowie François Faure und Jean Linet bestand. Die Solidarität, das war auch die moralische Unterstützung für diejenigen, die verzweifelten. Man musste ihnen helfen, menschliche Würde zu bewahren, während alles von den SS und ihren Schergen darauf gerichtet war, uns zu erniedrigen.

Die Solidarität, das war all dies, und das erforderte eine sorgfältige Geheimorganisation, aus der das französische Patriotische Komitee im Untergrund entstand, das später eine große Rolle spielen sollte, als im Frühling der Chef der Geheimarmee, General Delestraint, zu uns kam (…)

Während der ganzen Zeit unserer Isolierung, das heißt bis zum September 1943, blieben wir, Franzosen und NN aus den Konvois des Juli 1943, ohne Nachricht von außen.

Im Inneren des Lagers schafften es jedoch deutsche antifaschistische Häftlinge, einige Informationen zu erhalten.

Als es möglich wurde, eine mehr oder weniger regelmäßige Verbindung zu ihnen einzurichten, gelang es uns, Nachrichten über die Entwicklung des Krieges zu „verbreiten" und hiermit diejenigen zu ermutigen, die einen kleinen Hoffnungsschimmer bewahrt hatten, heraus zu kommen (…).

tous les temps.

La solidarité s'affirmait encore et surtout par la collecte du petit morceau de pain que chacun prélevait sur sa ration insuffisante. Cela se faisait le soir, table par table.

Une équipe de copains sur lesquels on pouvait compter, organisait aussitôt la répartition à la liste des plus affaiblis à secourir, liste établie d'après l'avis de nos médecins et du comité de solidarité composé notamment par le partisan du F.T.P. Roger Leroy (appelé Petit Jean), par l'abbé Bidaux, puis par François Faure, Roger Linet, et par deux ou trois autres camarades. La solidarité, c'était aussi le soutien moral auprès de ceux qui désespéraient. Il fallait les aider à maintenir la dignité humaine, quand tout était fait par les SS et leurs sbires pour nous avilir.

La solidarité, c'était tout cela, et cela nécessitait une organisation clandestine méticuleuse, qui donna naissance au comité patriotique français clandestin, appelé à jouer un grand rôle par la suite, y compris au printemps de 1944 avec la venue parmi nous du général Delestraint, chef de l'armée secrète (…)

Pendant toute la période de notre isolement en quarantaine, c'est-à-dire jusqu'en septembre 1943 pour nous, Français et NN des convois de Juillet 1943, nous restions sans aucune nouvelle de l'extérieur.

Cependant, à l'intérieur du camp, les détenus antifascistes allemands parvenaient à glaner quelques informations.

Quand il fut possible d'établir une liaison plus ou moins régulière avec eux, nous avons pu alors 'diffuser' des nouvelles sur l'évolution de la guerre, aidant ainsi à remonter le moral de ceux qui maintenaient une petite lueur d'espoir d'en sortir (…)

Auszug aus: Roger Linet, in: Le camp de concentration du Struthof, Témoignages, Essor, Mutzig 1998, S. 83–84

Extrait de: Roger Linet, in: Arnold Kientzler (Hg.), Le camp de concentration de Struthof, Témoignages, collection documents t. 3, Essor, Mutzig 1998, pp 83–84

Schreiben und Malen über Struthof

Die wunderschöne Vogesen-Landschaft hat zahlreiche Künstler und Künstlerinnen inspiriert, die sie beschrieben. Schon im 19. Jahrhundert erzählte der Schriftsteller Georg Büchner von dunklen Bergen und Wäldern, von blauen Seen, von Schneefeldern und Wolkenhimmel, aber auch vom Bedrückenden und Bedrohlichen, in seinem psychologischen Roman „Lenz" (1835). Als ob er, hundert Jahre vor Struthof, eine düstere Vorahnung gehabt hätte.

Schreiben nach Auschwitz, schreiben nach Struthof. Das U.n.a.u.s.s.p.r.e.c.h.l.i.c.h.e beschreiben, wie es der Dichter Jean-Paul Klée formuliert. Viele Schriftsteller, Dichter und Künstler wurden zutiefst gezeichnet von den Gräueln des Struthof und haben ihm einen Teil ihrer Werke gewidmet.

„Das Schreiben ist nicht unschuldig, es macht Schmerzen", hatte der Schriftsteller Jean-Paul Nozière erklärt, nachdem ihn seine Eltern 1953, mit zehn Jahren, zum Besuch des Deportationslagers Struthof im Elsass mitnahmen: „Ein ehemaliger Deportierter, der die Führung machte, nahm meine Hand, ließ die anderen Menschen hinter uns und besuchte mit mir das Lager. Dabei wiederholte er unaufhörlich: ‚Hör mal gut zu, Kleiner, hör gut zu.' Als der Besuch zu Ende war, begleitete er mich zum Ausgang des Lagers und sagte nur mir ‚Auf Wiedersehen'. Dieser Besuch hat mein ganzes Leben bestimmt, alle meine Wünsche, meinen ganzen Willen. Er beeinflusste meine Art zu schreiben, meine Art zu leben und zu denken. Und aus dieser zugleich wunderbaren und absolut grausamen Erinnerung wurde die Geschichte des kleinen Juden geboren, aus dem Buch ‚La chanson d'Hannah'."

Aus diesen Erinnerungen und aus diesem Gedenken sind ebenfalls zahlreiche Werke von anderen Künstlern und Künstlerinnen entstanden.

Écritures et arts autour du Struthof

Les magnifiques paysages des Vosges ont inspiré d'innombrables artistes qui les ont décrits. Déjà au 19ème siècle, l'écrivain Georg Büchner racontait les montagnes et les forêts sombres, les lacs bleus, les champs de neige et le ciel nuageux, mais aussi le côté oppressant et menaçant, dans son roman psychologique «Lenz» (1835). Comme s'il avait eu, plus de cent ans avant «Struthof», de sombres pressentiments.

Écrire après Auschwitz, écrire après Struthof? Décrire «l'i.n.n.o.m.m.a.b.l.e» (Jean-Paul Klée)? Nombreux sont les écrivains, poètes et artistes qui ont été profondément marqués par l'horreur du Struthof et y ont consacré une partie de leurs œuvres.

«L'écriture n'est pas innocente, elle ouvre des blessures», avait déclaré l'écrivain Jean-Paul Nozière qui racontait qu'en 1953, à l'âge de dix ans, ses parents l'avaient emmené visiter le camp de déportation de Struthof en Alsace: «Le guide, un ancien déporté, m'a pris la main et m'a fait visiter le camp, laissant les autres personnes derrière. Il me répétait sans cesse: ‹Ecoute bien petit, écoute bien.› La visite terminée, il m'a reconduit à la sortie du camp et il n'a dit au revoir qu'à moi seul. Cette visite a déterminé toute ma vie, tous mes désirs, toute ma volonté. Elle a influencé ma manière d'écrire, ma façon de vivre, de penser. Et de ce souvenir à la fois magnifique et d'une cruauté absolue est née l'histoire d'un petit juif, celui de ‹La chanson d'Hannah›.»

De ces souvenirs et de cette mémoire sont nées des œuvres d'artistes.

Georg Büchner:
„Als jage der Wahnsinn auf Rossen hinter ihm …"

Den 20. (Januar) ging Lenz durch's Gebirg. Die Gipfel und hohen Bergflächen im Schnee, die Täler hinunter graues Gestein, grüne Flächen, Felsen und Tannen. Es war naßkalt, das Wasser rieselte die Felsen hinunter und sprang über den Weg. Die Äste der Tannen hingen schwer herab in die feuchte Luft. Am Himmel zogen graue Wolken, aber Alles so dicht, und dann dampfte der Nebel herauf und strich schwer und feucht durch das Gesträuch, so träg, so plump. Er ging gleichgültig weiter, es lag ihm nichts am Weg, bald auf-, bald abwärts. Müdigkeit spürte er keine, nur war es ihm manchmal unangenehm, dass er nicht auf dem Kopf gehn konnte. Anfangs drängte es ihm in der Brust, wenn das Gestein so wegsprang, der graue Wald sich unter ihm schüttelte, und der Nebel die Formen bald verschlang, bald die gewaltigen Glieder halb enthüllte; es drängte in ihm, er suchte nach etwas, wie nach verlorenen Träumen, aber er fand nichts (…)

Nur manchmal, wenn der Sturm das Gewölk in die Täler warf, und es den Wald herauf dampfte, und die Stimmen an den Felsen wach wurden, bald wie fern verhallende Donner, und dann gewaltig heranbrausten, in Tönen, als wollten sie in ihrem wilden Jubel die Erde besingen, und die Wolken wie wilde wiehernde Rosse heransprengten, und der Sonnenschein dazwischen durchging und kam und sein blitzendes Schwert an den Schneeflächen so, so dass ein helles, blendendes Licht über die Gipfel in die Täler schnitt; oder wenn der Sturm das Gewölke abwärts trieb und einen lichtblauen See hineinriß, und dann der Wind verhallte und tief unten aus den Schluchten, aus den Wipfeln der Tannen wie ein Wiegenlied und Glockengeläute herauf summte, und am tiefen Blau ein leises Rot hinaufklomm, und kleine Wölkchen auf silbernen Flügeln durchzogen und alle Berggipfel scharf und fest, weit über das Land hin glänzten und blitzten, riß es ihm aus der Brust (…)

Gegen Abend kam er auf die Höhe des Gebirgs, auf das

Georg Büchner:
«Comme si la Démence à cheval lui donnait la chasse …»

C'était le 20 (janvier). Lenz marchait dans la montagne. Sur les cimes et sur les hauts plateaux: la neige. Et, dévalant les pentes, de la pierraille grise, de verts herbages, des rocs, des sapins. Il faisait humide et froid. L'eau ruisselait en rejaillissant des roches sur le sentier. Les branches alourdies des sapins ployaient sous la bruine. Au ciel dérivaient des nuages gris. Que tout était donc brouillé. Et voilà que par vagues montait la brume, épaisse et humide, et qui s'étirait à travers la broussaille avec une si lourde mollesse. Lui, il ne se souciait pas de sa route; il montait et descendait sans y prêter attention. Il ne sentait aucune fatigue. Toutefois, de temps à autre, il regrettait de ne pas pouvoir marcher sur la tête. Un lancinant malaise s'était emparé de lui, lorsque des pierres s'éboulaient brusquement, lorsque à ses pieds frémissait la forêt grisâtre tandis que le brouillard noyait la nature entière, à moins qu'il n'en laissât deviner les masses toutes-puissantes. Plein d'angoisse, Lenz cherchait quelque chose – comme des songes évanouis – mais il ne trouva rien (…)

À certains moments toutefois, lorsqu'une rafale de vent rabattait les nuages vers les vallées, et quand ensuite cela remontait par lambeaux tout au long des forêts, quand la pierre se mettait à parler, tantôt sourdement, comme un orage qui s'éloigne, ou tantôt avec une brusque et terrible violence, comme s'il s'agissait à travers ce triomphant tumulte de chanter la gloire de la Terre, qui, pendant que les nuages accouraient du fond de l'horizon comme une horde hennissante de chevaux en liberté, et quand le soleil se montrait en perçant les nuages et en dardant sur la neige son glaive flamboyant, si bien que tout était balafré, des cimes jusqu'au fond des ravins, par d'éblouissants rayons de lumière; ou encore lorsque la bourrasque chassait devant elle les nuages en y taillant des lacs d'azur, et quand une fois le vent tombé, c'était comme une rumeur de berceuse et de carillons qui montait doucement entre les sapins du fond des vallées alors que rougeoyaient im-

Schneefeld, von wo man wieder hinabstieg in die Ebene nach Westen, er setzte sich oben nieder. Es war gegen Abend ruhiger geworden; das Gewölk lag fest und unbeweglich am Himmel, so weit der Blick reichte, nichts als Gipfel, von denen sich breite Flächen hinab zogen, und alles so still, grau, dämmernd; es wurde ihm entsetzlich einsam, er war allein, ganz allein, er wollte mit sich sprechen, aber er konnte nicht, er wagte kaum zu atmen, das Biegen seines Fußes tönte wie Donner unter ihm, er mußte sich niedersetzen; es fasste ihn eine namenlose Angst in diesem Nichts, er war im Leeren, er riß sich auf und flog den Abhang hinunter. Es war finster geworden, Himmel und Erde verschmolzen in Eins. Es war, als ginge ihm was nach, und als müsse ihn was Entsetzliches erreichen, etwas das Menschen nicht ertragen können, als jage der Wahnsinn auf Rossen hinter ihm (…)

perciblement les trouées bleues du ciel, et qu'à tire-d'aile passaient de petits nuages argentés, cependant que la montagne dominait le pays de toutes ses cimes massives et nettes qui brillaient et scintillaient – oui, c'était alors qu'il ressentait un mal déchirant …

Vers le soir, il atteignit sur la crête ce champ de neige d'où l'on redescend à l'ouest vers la plaine. Là, il s'assit. Le calme était venu avec le soir. Il y avait dans le ciel des bancs de nuages immobiles. À perte de vue se dressaient des cimes aux vastes pentes; et toute la nature si tranquille, éteinte, presque nocturne. Une affreuse solitude s'empara de lui; il était seul, tout à fait seul. Il voulut se parler, mais ne put: à peine osait-il respirer. Ses pas résonnaient sous lui comme le tonnerre; oui, il ne pouvait que s'asseoir. Une panique sans nom le saisit au milieu de cet anéantissement: c'était le vide! Il bondit sur ses pieds et dégringola vivement les pentes. La nuit était tombée, terre et ciel se confondaient. C'était comme si quelque chose se mettait à ses trousses, quelque chose de terrible qui allait le rattraper, une chose qu'aucun être humain ne serait capable d'affronter: comme si la Démence à cheval lui donnait la chasse (…)

Auszug aus: Georg Büchner, Lenz, Carl Hanser Verlag, München 1972, S. 3f

Extrait de Georg Büchner, Lenz, traduit de l'allemand par Lou Bruder, Éditions Payot et Rivages, Paris 1998, pp 11.

Bernhard Schlink:
„In mir fühlte ich eine große Leere …"

Es war Winter, ein klarer, kalter Tag. Hinter Schirmeck war der Wald verschneit, weiß bepuderte Bäume und weiß bedeckter Boden. Das Gelände des Konzentrationslagers, ein längliches Areal auf abfallender Bergterrasse mit weitem Blick über die Vogesen, lag weiß in der hellen Sonne. Das graublau gestrichene Holz der zwei- und dreistöckigen Wachtürme und der einstöckigen Baracken kontrastierte freundlich mit dem Schnee. Gewiss, da gab es das maschendrahtverhauene Tor mit dem Schild „Konzentrationslager Struthof-Natzweiler" und den um das Lager laufenden doppelten Stacheldrahtzaun. Aber der Boden zwischen den verbliebenen Baracken, auf dem ursprünglich weitere Baracken dicht gedrängt standen, ließ unter der glitzernden Schneedecke vom Lager nichts mehr erkennen. Er hätte ein Rodelhang für Kinder sein können, die in den freundlichen Baracken mit den gemütlichen Sprossenfenstern Winterferien machen und gleich zu Kuchen und heißer Schokolade hereingerufen werden.

Das Lager war geschlossen. Ich stapfte durch den Schnee darum herum und holte mir nasse Füße. Ich konnte das ganze Gelände gut einsehen und erinnerte mich, wie ich es damals, bei meinem ersten Besuch, auf Stufen, die zwischen den Grundmauern der abgetragenen Baracken hinab führten, abgegangen war. Ich erinnerte mich auch an Krematoriumsöfen, die damals in einer Baracke gezeigt worden waren, und daran, dass eine andere Baracke ein Zellenbau gewesen war. Ich erinnerte mich an meinen damaligen vergeblichen Versuch, mir ein volles Lager und Häftlinge und Wachmannschaften und das Leiden konkret vorzustellen. Ich versuchte es wirklich, schaute auf eine Baracke, schloss die Augen und reihte Baracke an Baracke. Ich durchmaß eine Baracke, errechnete aus dem Prospekt die Belegung und stellte mir die Enge vor. Ich erfuhr, dass die Stufen zwischen den Baracken zugleich als Appellplatz dienten, und füllte sie beim Blick vom unteren zum oberen Ende des Lagers mit Reihen von Rücken. Aber es war alles vergeblich, und ich hatte das Gefühl

Bernhard Schlink:
«Je sentais en moi un grand vide …»

C'était en hiver, par une journée claire et froide. Après Schirmeck, il y avait de la neige sur la forêt, qui poudrait de blanc les arbres et couvrait de blanc le sol. L'emprise du camp de concentration, long terrain en pente avec une vaste vue sur les Vosges, était toute blanche sous le soleil. Le bois peint en gris-bleu des miradors à deux ou trois étages et des baraquements bas faisait un joli contraste avec la neige. Bien sûr, il y avait le portail grillagé avec la pancarte «Camp de Concentration de Struthof-Natzweiler», et la double clôture de barbelés entourant le camp. Mais, entre les baraquements subsistants, le sol où d'autres baraquements s'alignaient jadis en rangs serrés ne laissait plus rien soupçonner, sous le manteau de neige luisante, de ce qu'avait été le camp. Ç'aurait pu être une colonie de vacances où les enfants viennent faire de la luge, et où l'on allait les appeler dans ces chalets aux sympathiques fenêtres à petits carreaux pour prendre un chocolat chaud avec des gâteaux.

Le camp était fermé. Je tournai autour en pataugeant dans la neige, et je me retrouvai avec les pieds trempés. Je voyais l'ensemble du camp et je me souvins comment, à ma première visite, j'étais descendu sur les marches entre les fondations des baraquements démontés. Je me rappelai aussi les fours crématoires qu'on montrait alors dans l'un des baraquements, et aussi un autre qui comportait des cellules. Je me rappelais ma vaine tentative, à l'époque, pour me représenter concrètement le camp plein de monde, les détenus, les gardiens, la souffrance. J'avais vraiment essayé, regardant un baraquement, fermant les yeux et imaginant les rangées des autres. J'avais arpenté un baraquement, calculé d'après le prospectus l'effectif de ses occupants, et imaginé combien on y était à l'étroit. J'avais appris que c'était sur les marches entre les baraquements qu'avaient lieu les appels et, parcourant ces marches d'un bout à l'autre du camp, je les avais garnies de rangées de dos. Mais tout cela ne servait à rien, et j'eus le sentiment d'un échec lamentable et honteux. Reprenant

kläglichen, beschämenden Versagens. Bei der Rückfahrt fand ich weiter unten am Hang ein kleines, einem Restaurant gegenüber gelegenes Haus als Gaskammer ausgewiesen. Es war weiß gestrichen, hatte sandsteingefasste Türen und Fenster und hätte eine Scheune oder ein Schuppen sein können oder ein Wohngebäude für Dienstboten. Auch dieses Haus war geschlossen, und ich erinnerte mich nicht, damals im Inneren gewesen zu sein. Ich bin nicht ausgestiegen. Ich saß eine Weile bei laufendem Motor im Wagen und schaute. Dann fuhr ich weiter.

Zuerst scheute ich mich, auf dem Heimweg durch die Dörfer des Elsass zu mäandern und ein Restaurant fürs Mittagessen zu suchen. Aber die Scheu verdankte sich nicht einer echten Empfindung, sondern Überlegungen, wie man sich nach dem Besuch eines Konzentrationslagers zu fühlen habe. Ich merkte es selbst, zuckte die Schultern und fand in einem Dorf am Hang der Vogesen das Restaurant „Au Petit Garçon". Von meinem Tisch aus hatte ich den Blick in die Ebene. „Jungchen" hatte mich Hanna genannt.

Bei meinem ersten Besuch bin ich auf dem Gelände des Konzentrationslagers herumgelaufen, bis es schloss. Danach habe ich mich unter das Denkmal gesetzt, das oberhalb des Lagers steht, und auf das Gelände hinabgeschaut. In mir fühlte ich eine große Leere, als hätte ich nach der Anschauung nicht da draußen, sondern in mir gesucht und feststellen müssen, dass in mir nichts zu finden ist (…)

ma voiture, je trouvai, plus bas sur la pente, en face d'un restaurant, une petite maison dont il était indiqué que ç'avait été une chambre à gaz. Elle était peinte en blanc, avec des encadrements de portes et de fenêtres en grès, ç'aurait pu être une grange ou une maison pour loger les ouvriers. Elle était fermée aussi, et je ne me suis pas rappelé l'avoir visitée la fois précédente. Je ne suis pas sorti de ma voiture. Je suis resté assis sans arrêter le moteur, à regarder. Puis je suis reparti.

Tout d'abord, je n'osai pas me promener sur le chemin du retour et chercher un restaurant dans ces villages alsaciens pour manger à midi. Mais cette pudeur n'était pas due à une authentique émotion, plutôt à mes réflexions sur la façon dont on devrait se sentir après la visite d'un camp de concentration. Je m'en rendis compte moi-même, je haussai les épaules et, dans un village au flanc des Vosges, je trouvai un restaurant qui s'appelait «Au Petit Garçon». De ma table, j'avais une vue sur la plaine. «Garçon», c'est comme ça que m'appelait Hanna.

À ma première visite, j'avais parcouru le camp en tous sens jusqu'à l'heure de la fermeture. Ensuite, je m'étais assis au pied du monument érigé au-dessus du camp, que j'étais resté à contempler ainsi d'en-haut. Je sentais en moi un grand vide, comme si après le contact concret que j'avais cherché non pas à l'extérieur, mais en moi-même, et avais dû constater que je ne pouvais rien y trouver (…)

Aus: Bernhard Schlink, Der Vorleser, Copyright © 1995 Diogenes Verlag AG Zürich, S. 148ff

Extrait de Bernhard Schlink, Le liseur, traduit de l'allemand par Bernard Lortholang, Éditions Gallimard, Paris 1996, pp.173.

Unveröffentliche Zeichnung von Tomi Ungerer (1997), aus: Konzentrationslager Natzweiler, Essor, Mutzig 1998.

Dessin inédit Tomi Ungerer (1997), in: Le camp de concentration de Struthof, Essor, Mutzig 1998

Tomi Ungerer:
„Der Struthof-Besuch hat mein ganzes Leben bestimmt"

Tomi Ungerer, Autor, Karikaturist und Kinderbuchillustrator, hat sich immer wieder mit dem KZ-Lager Struthof beschäftigt. In seinem 1993 erstmals erschienenen Buch „Die Gedanken sind frei. Meine Kindheit im Elsaß", das er seinem Freund, dem von den Nazis verurteilten Widerstandskämpfer André Bord widmete, schreibt er:

„In den Vogesen bei Natzwiller hatten die Nazis das höchstgelegene KZ Deutschlands errichtet: den Struthof.

Idyllisch mit Sicht auf die Rheinebene, nicht weit vom Odilienberg, dem Wallfahrtsort der heiligen Odilia, der elsässischen Schutzpatronin. Vor dem Galgen, begrüßt vom Kommandanten Kramer, die Transporte – als ‚Nacht und Nebel' bezeichnet –, lieferten das Material für Zwangsarbeit in Steingruben und für Experimente mit Giftgas und Typhus. Die Gaskammer wurde als ‚Abstellraum' bezeichnet. Im Winter war es unerträglich kalt, obwohl der Kamin des Krematoriums manchmal tagelang rot glühte.

Eine große Zahl von Leichen wurde für die Anatomieforschung an die Straßburger Universität geliefert, wo Herr Doktor Hirt sie zerstückelte. Das Lager steht noch da, als Memorial, das Museum wurde von neofaschistischen Brandstiftern in Asche verwandelt.

Dieser Ort, den ich oft besuche, hat mich wie der Isenheimer Alltag stark und tief geprägt.

Schon damals bestand für mich die Frage: Wie kann der Mensch seine angeborene innere Bosheit, durch Dummheit gefüttert, überwinden?"

Tomi Ungerer lässt in seinem Buch den Krematoriumsofen des KZ abbilden und gleichzeitig einen Ausschnitt aus Grünewalds Isenheimer Altar, sowie darunter ein Bild mit einem KZ-Häftling voller Verzweiflung am Stacheldrahtzaun, das er 1948 gemalt hat.

Der Humanist und Moralist aus dem Elsass hat seine Beschäftigung mit dem Struthof nie bei historischen Betrachtungen belassen, sondern sich bemüht, Schlussfolge-

Tomi Ungerer:
„La visite du Struthof a marqué ma vie"

Tomi Ungerer, auteur, caricaturiste et illustrateur de livres d'enfants a toujours beaucoup porté d'intérêt au camp de concentration Struthof. Il écrit dans son livre «Les pensées sont libres. Mon enfance en Alsace» qu'il avait dédié à son ami André Bord, un résistant condamné par les nazis:

«Dans les Vosges près de Natzwiller, les nazis avaient érigé le camp de concentration allemand à l'endroit le plus élevé: le Struthof.

Une idylle, avec vue sur la plaine du Rhin, non loin du Mont St Odile, lieu de pèlerinage de Sainte Odile, la patronne de l'Alsace. Devant la potence, salués par le commandant Kramer, les transports déclarés ‹Nuit et brouillard› livraient le matériel pour les travaux forcés dans les carrières et les expériences avec les gaz toxiques et le typhus. On appelait la chambre à gaz ‹dépôt›. En hiver il faisait insupportablement froid, bien que la cheminée du crématoire s'embrasait rouge pendant des journées parfois.

Un grand nombre de cadavres étaient livrés à l'université de Strasbourg pour la recherche anatomique, où le docteur Hirt les disséquait. Le camp est toujours là, en tant que Mémorial, le Musée a été mis en cendres par des incendiaires néofascistes.

Ce lieu que je visite souvent, m'a marqué profondément, tout aussi fortement que l'autel d'Isenheim. Autrefois déjà, la question se posait à moi: Comment l'homme peut-il surmonter sa méchanceté intérieure innée et nourrie de stupidité?»

Tomi Ungerer a fait reproduire le four crématoire du camp de concentration et en même temps une partie de l'autel d'Isenheim de Grünewald de même qu'une illustration effectuée en 1948, représentant un détenu du KZ, désespéré à la clôture de barbelés.

L'humaniste et moraliste d'Alsace n'en est pas resté seulement sur des considérations historiques; il s'est efforcé d'en tirer des conséquences dans une voie précise: «Les problèmes de race et de société ne peuvent être résolus en

rungen in einer ganz bestimmten Richtung zu ziehen: „Die Probleme der Rasse und der Gesellschaft können nicht innerhalb eines Tages gelöst werden. Mit einer neuen Generation müssen wir wieder bei null anfangen. Beginnen wir also im Kindergarten mit Büchern, die auf eine einfache Art den Kindern beibringen, was Achtung ist: Achtung vor dem Unterricht, Achtung vor den Differenzen, Achtung vor den Rassen, Achtung vor der Natur, dem Wasser, den Nahrungsmitteln, der Arbeit (...) Ich habe meine eigenen Kinder zum Besuch des Konzentrationslager Struthof hier im Elsass mitgenommen als sie sechs Jahre alt waren. Sie wissen genau, was geschehen kann, wenn ein Regime wie das Naziregime die Macht ergreift."[11]

In einem Interview mit der „Frankfurter Rundschau" beschrieb Tomi Ungerer einen der „Unfälle", die ihm passiert waren: „Einmal erzählte ich einem französischen Taxifahrer, dass es im Elsass das KZ Struthof gibt, und dass ich seit Jahren immer wieder mit meinen Kindern dorthin fahre. Da drehte er sich um und sagte: ‚Mein Herr, ich bin Faschist und Antisemit – wenn es nach mir ginge, sollte das Lager seine Tore sofort wieder öffnen.' Auch das ist eine Katastrophe für mich – eine menschliche." *Frankfurter Rundschau:* „Was haben Sie dem Taxifahrer geantwortet? *Ungerer:* „Dass ich hoffe, dass er der erste Gast dort wäre, falls die Tore von Struthof sich je wieder öffnen sollten. Dann bin ich ausgestiegen."

Später erklärte er in einem Interview mit Fritz Frey:[12]

Fritz Frey: Sie haben gesagt, dass Sie das KZ Struthof, was ja hier in der Nähe ist von Straßburg, sehr stark geprägt hat, mindestens ebenso stark wie der Isenheimer Altar von Grünewald.

Tomi Ungerer: Ja, das war richtig, ich würde auch dabei bleiben. Und das Dritte ist das Meer, der Ozean. Ich habe meine Kinder, schon als sie noch ganz klein waren – wenn wir ins Elsass kamen –, regelmäßig mit zum Struthof genommen. Und das sage ich auch immer den Schullehrern, sie sollten ihre Kinder dorthin mitnehmen. Sie sagen „nein, wir können die Kinder nicht traumatisieren". Aber man muss die Kinder traumatisieren! Man muss sie

un jour. Commençons donc au jardin d'enfants avec des livres apprenant aux enfants, d'une manière très simple, ce qu'est le respect: le respect de l'enseignement, le respect des différences, le respect des races, le respect de la nature, de l'eau, de la nourriture, du travail (...) J'ai emmené mes propres enfants, quand ils avaient six ans, visiter le camp de concentration du Struthof, qui se trouve ici, en Alsace. Ils savent exactement ce qui peut arriver quand un régime comme le régime nazi prend le pouvoir.»[11]

Dans une interview avec le quotidien «Frankfurter Rundschau», Tomi Ungerer décrivait l'un des «accidents» qui lui étaient arrivé: «Je racontais un jour à un chauffeur de taxi français, qu'en Alsace il y a le KZ Struthof, et que depuis des années j'y vais régulièrement avec mes enfants. Il s'est alors retourné et m'a dit: ‹Monsieur, je suis fasciste et antisémite – et si cela dépendait de moi, le camp devrait rouvrir ses portes immédiatement›. Cela aussi est pour moi une catastrophe – une catastrophe humaine.» *Frankfurter Rundschau:* «Et qu'avez-vous répondu au chauffeur de taxi? *Ungerer:* «Que j'espérais qu'il y serait le premier hôte, si les portes du Struthof devaient à nouveau s'ouvrir. Et puis je suis sorti du taxi.»

Quelques mois plus tard, il déclarait dans une interview avec Fritz Frey:[12]

Fritz Frey: Vous avez dit que le KZ Struthof qui est près de Strasbourg, vous a profondément marqué, tout aussi fortement que l'autel d'Isenheim de Grünewald.

Tomi Ungerer: Oui, c'est juste, aujourd'hui aussi. La troisième chose qui m'a marqué, c'est la mer, l'océan. Quand ils étaient encore tout petits et que nous allions en Alsace, j'emmenais régulièrement mes enfants au Struthof. C'est ce que je dis toujours aux enseignants: ils devraient y emmener les enfants. Alors qu'ils disent «Non, nous ne pouvons pas traumatiser les enfants». Mais il faut traumatiser les enfants! Il faut les impressionner pour qu'ils voient qu'une telle chose peut exister.

Fritz Frey: C'est ce que vous avez fait avec vos enfants?

Tomi Ungerer: Oui, oui, toujours. Quand mon garçon a eu six ans, il a même rapporté un morceau de barbelé qui gisait sur le sol.

beeindrucken, damit sie sehen, dass so etwas existieren kann.

Fritz Frey: Haben Sie es mit Ihren Kindern so gemacht?

Tomi Ungerer: Ja, ja, immer. Als mein Junge sechs Jahre alt war, hat er sogar ein Stück Stacheldraht mitgebracht, das auf dem Boden lag.

Fritz Frey: Und Sie sind als Vater über das Gelände gegangen und haben erklärt, was da passiert ist?

Tomi Ungerer: Ja, ich habe es den Kindern immer erklärt. Ich glaube, die Kinder sind keine Idioten. Sie wissen, wo die Babies herkommen, aber sie wissen nicht, wo die Erwachsenen herkommen. Und das ist manchmal schlimm, und es ist schon von der Geschichte bewiesen, und deshalb muss man ihnen die Wirklichkeit zeigen. Und deshalb habe ich auch das Buch „Otto" gemacht, um den Krieg zu zeigen mit den Ruinen, mit den Bomben, mit den Explosionen. Sie sehen es beim Fernsehen auch. Also bitte, das ist eine Realität. Sogar am Fernsehen sollte man schon den Kindern ganz früh erklären, warum diese Bomben, warum diese hungrigen Kinder. Es sind eigentlich die Eltern, die erzogen werden sollten.

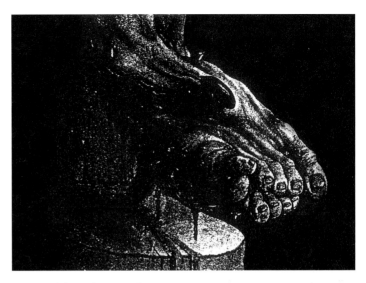

Grünewald, Isenheimer Altar

aus: Tomi Ungerer, „Die Gedanken sind frei. Meine Kindheit im Elsaß". Copyright © 1999 Diogenes

Fritz Frey: Et en tant que père vous êtes allé sur le terrain et avez expliqué ce qui s'est passé là?

Tomi Ungerer: Oui, c'est ce que j'ai toujours expliqué aux enfants. Je crois que les enfants ne sont pas des idiots. Ils savent d'où viennent les bébés, mais ils ne savent pas d'où viennent les adultes. C'est parfois grave, l'histoire l'a déjà démontré, et c'est pour cela qu'il faut leur montrer la réalité. C'est aussi la raison pour laquelle j'ai écrit le livre «Otto», afin de montrer la guerre avec ses ruines, ses bombes et ses explosions. Les enfants le voient aussi à la télévision. Alors, je vous en prie, c'est une réalité. Même à la télé on devrait expliquer très tôt aux enfants le pourquoi de ces bombes et de ces enfants affamés. En fait, ce sont les parents qui doivent être éduqués.

Jean-Paul Klée:
Elsässische Kreuzigung

Christus ist nicht im südlichen Frühling gestorben
sondern im Dezember unter dem Wald der Vogesen
am letzten Tag des Jahres
so grau so endlos düster
die Ellbogen mit Riemen aufgehängt
an den toten Zweigen einer schwindelerregenden schwarzen Tanne
der Kopf gekrönt mit brandroten Nadeln das Gesicht zum Norden
ein Schwamm aus Mistel zwischen den Zähnen
und die Aufschrift in elsässisch deutsch französisch
JEAN-HENRI DE NATZWILLER UND DER KÖNIG DER ALSACOS
und noch ■ **DMC-STICK-BAUMWOLLE-MULHOUSE**
der gefrorene Körper an dem roten Harz des lebendig geschälten Stamms klebend
der nackte Körper das steife Geschlecht wie bei jedem ehrenvollen Erhängten
die mit blauen Eiszapfen eingenagelten Füße
und die Seite mit einem V 2 gelöchert
durch den Schnabel eines Kranichs oder einen stacheldrahtigen Pfeil eines Doms-in-Strasbourg
verweilende Bauern mit verzerrtem Mund
werfen ihm ins Gesicht zerplatzte Kröten
und die „besch-denn-dü-e-herrgott-non-de-dié!"
barbarisch und violett
und die Raben belauern ihr Stück
um den Gastberg rheinischer Brocken herum
gegenüber dem Struthof
„Vater verzeiht ihnen nicht
denn sie wussten was sie taten!"

Jean-Paul Klée (1970)

Jean-Paul Klée:
Cruxifixionalsacienne

le christ n'est pas mort au printemps dans le sud
mais en décembre sous la forêt des vosges
le dernier jour de l'année
si gris si morne interminablement
les coudes accrochés par des courroies
aux branches mortes d'un vertigineux sapin noir
la tête couronnée d'aiguilles rousses la face au nord
une éponge de gui entre les dents
et l'écriteau avec en alsacien allemand français
JEAN-HENRI DE NATZWILLER LE ROI DES ALSACOS
et encore ■ **DMC-COTON A BRODER-MULHOUSE-**
le corps gelé collé à la résine rouge du tronc épluché vivant
le corps nu le sexe raidi comme tout pendu qui s'honore
les pieds cloués de glaçons bleus
et le côté troué d'un V 2
d'un bec de cigogne ou d'une flèche barbelée de cathédrale-de-strasbourg
Des paysans attardés la bouche tordue
lui jettent à la figure des crapauds crevés
et des «besch-denn-dü-e-hergott-non-de-dié!»
barbares et violets
et les corbeaux guettent leur morceau
autour du Gastberg brocken rhénan
vis-à-vis du struthof
«Père ne leur pardonnez pas
car ils savaient ce qu'ils faisaient!»

Jean-Paul Klée (1970)

Jean-Paul Klée:
Rückkehr zum Struthof

            „… *singe, Daniel, der in den Ofen geworfen wurde!* …"

50 Jahre nach seiner Folter & seinem Tod, Wir
sind da wie eine Rinderherde mit den Fahnen den
Militärmusiken, alle Dekorierten aus Italien die Dänen die Juden die
Holländer, vier Briten mit schwarzen Melonenhüten,
                                       deren Frauen
hier *vergast* wurden! …Worauf wartet man? … Auf den
Präfekt oder den Gouverneur von Strasbourg? Es ist heiß! Und
die Veteranen schwätzen, Alte und Dicke. Es gibt sogar einen Deutschen
                                       kein Nazi, ziemlich
jung (dickleibig wie der Riese Gar=
gantua). Die Söhne der Ermordeten alt=
ern schlecht – Vor einer *der schönsten Landschaften der Welt*,
vergeht die Zeit, Honig · des · Sommers! Wir sind *alle* Lebendig,
man schwätzt man weint eine Dame lächelt; sehr wenige Jugendliche,
da drüben gibt es sogar einen oder zwei *Lach*anfälle?
Die Sonne trifft hart! Autobusse aus den Ländern-von-
Unten, das ganze · Polen · oder · die · Masuren, nicht die
Zigeuner auch nicht die *rosa* Sterne! Die Soldaten, stramm stehend,
langweilen sich zu Tode, mit rot weiß blauen Krawatten = Um die
blutige Fahne 5 aufgesteckte Bajonetts sie sind obszön
wie das nackte Geschlecht = Wer wird das Totem klauen & wer noch
                                       möchte
sterben / für / *ein Stück / Stoff*? … Die kakifarbigen Messer
streicheln die gestickten Falten, *ach ja die Heimat*!… sie ist
ekelhaft die Heimat die alle 35 Jahre „für sich" töten lässt
Millionen ! junge ! Menschen ! verrückte! …

                             * * * * *

Aus Strasbourg bin ich hinaufgelaufen mit zwei Rundfunk-Journalisten &
France-Culture hat uns befragt meine Mutter und mich, am *Samstag*,
eine Australierin ein Franzose eine Finnin machen eine
Reportage über den *Struthof* das einzige KZ auf dem Boden
Frankreichs, in Paris aber kennt man den
STRUTHOF nicht auch nicht das *Champ-du-Feu* & wenn ihr eines Tages

Jean-Paul Klée:
Retour au Struthof

«... *chante, Daniel jeté au four!* ...»

50 années après sa tortüre & sa mort, Nous
voici foule un peu bovine avec les drapeaux les müsi=
ques militaires, tous les décorés l'Italie les Danois les Juifs les
Hollandais, quatre Britanniques à chapeaux-melon noirs,
                                                     leurs femmes
fürent *gazées* ici!... On attend quoi?...le
préfet ou gouverneur de Strasbourg? Il fait chaud! *Et*
les vétérans causent, Vieux & gros. Il y a même un Allemand
                                                     pas-nazi a=
ssez jeune (volümineux comme l'ogre Gar=
gantua). Les fils d'assassinés vieil=
lissent mal – Devant *l'un des plüs beaux paysages dü monde*, le
temps passe, miel · de · l'été! On est *tous* Vivants, on
cause on pleure üne dame sourit; très peu de jeunes,
il y a même là-bas un ou deux éclats
de rire? Le soleil tape dür! Autocars des Pays-d'en-
Bas, toute · la · Pologne · ou · la Mazürie, pas
les gitans ni les étoiles *roses*! Les soldats au garde-à-vous ago=
nisent d'ennui, cravatés rouge blanc bleu = Autour dü
drapeau sanglant 5 baionnettes-au-canon elles sont obscènes
comme des sexes nüs = Qui volera le Totem & qui encore
                                                     voudrait
mourir/ pour / *dü* / *tissü*? ... Les couteaux kakis
caressent les plis brodés, *ah oui la Patrie*! ... elle est
immonde la patrie qui tous les 35 ans fait tüer «pour elle»
des! millions! de! jeunes! hommes! fous! ...

* * * * *

De Strasbourg je suis monté avec trois journalistes-radio &
France-Culture nous a interrogés ma mère & moi *samedi*,
üne Australienne un Français üne Finlandaise font un
reportage Struthof qui füt le seul K.Z. sür le sol de
France, mais à Paris on ne connaît pas
le STRUTHOF ni le *Champ-dü-Feu* & quand vous lirez un jour ce

dieses Gedicht lesen werdet, in einem Buch oder in einer Zeitschrift, wer wird noch
den furchtbaren Sinn des K. und des Z. wissen? ... Hat sich die Spindel der Jahre zu schnell
gedreht, die Sicherung blockierte;

*****

Der Rundfunk-Mann hat ein schweres Schweizer Magnetophon an der Schulter:
Geräusche · des · Schritts · und · Tritts · auf · dem · Sand *ach diese ERDE*
die / man / hier //
gedemütigt hat! Geräusch des *Schlüssels* im Schloss, der Wächter muss
das Geräusch wiederholen. An der Garderobe der Ankunft nahmen *sie* Euch *alles*,
der Gefangene wunderte sich, also warf man ihm ins Gesicht „*Du*"
kannst dein Taschentuch behalten zum weinen, deinen Gürtel
zum *dich aufhängen*!... Der lothringische Überlebende neben mir gibt an dass *am*
15. Februar 1944 es hier (als ich von SCHIRMECK kam),
einen · Meter · 50 · SCHNEE gab ... Mein Vater hatte noch
an diesem Tag
2 Monate / zu / l:
eben! Es war am 18. April dass er starb unter den Schlägen von
Schemeln (hat man gesagt) eines inhaftierten französischen kommunistischen Gewählten (die
Pariser Gegend). Ruhr, die Laken der Revierstube. Und
diese
Notiz mit Nazi-Tinte auf dem Register des LAGERS: *Allgemeine*
Körperschwäche, 2 Uhr morgens. Dann, wie · für· Millionen ·
Anderen · *der* · OFEN: ich habe nicht besichtigt. Ich hatte Lust reinzugehen
um zu sehen? ... Der Rote Kreuz-Helfer flüstert zu seinem Kumpel *Ich*
habe schon gesehen, vor zwei oder drei Jahren. Es gibt Metzger-HAKEN an der
Wand wie für
Vieh! Mir liegt nicht daran es
wiederzusehen;   Sein Kumpel starrt auf
den langen Schornstein (aus schwarzem Blech) *dünn wie die / Zigarre /*
einer / Dame
rauchte Hitler?... Aber die Menschen um uns herum drücken sich
vor
die Tür; ausdruckslos treten sie ein zu SEHEN und *ich · auch · eine ·*
Lust (im Bauch) unter dem Gürtel? Jemand *erklärt*
& die
Leute bleiben *lange drin*! Die drei Journalisten
sind auch
reingegangen! Es macht Spaß zu gucken! *der / Galgen / noch /*
auf der / Stelle //

poëme dans un livre ou üne revüe, qui donc saura encore
le sens horrible dü K. et dü Z.?... le bobino des Années a-t-il
tourné trop vite, le cran d'arrêt bloqua;

* * * * *

L'homme-radio a un magnétophone suisse lourd, à l'épaule:
bruits · dü · pas · cadencé · sür · le · sable, ô *cette* TERRE /
qu'ici / on / a //

hümiliée! ... bruit de la *clé* dans la serrüre, le gardien doit
refaire le bruit. Au vestiaire de l'arrivée *ils* Vous prenaient *tout*,
le prisonnier s'étonnait, alors on lui lançait à la face «*Tü*»
peux garder ton mouchoir pour pleurer, ta ceintüre pour
te pendre!... Le rescapé lorrain à côté de moi précise que le
15 février 1944 il y avait ici (quand je suis arrivé de Schirmeck),
un · mètre · 50 · de · NEIGE ... Mon père avait encore ce
jour-là

2 mois / à / v:
ivre! C'est le 18 avril 1944 qu'il mourüt sous les coups de *ta=
bouret* (a-t-on dit) d'un détenü français élü communiste, (la
région parisienne). Dysentrie, les draps de l'infirmerie. Et
cette

note à l'encre nazie sür le registre dü CAMP: *Allgemeine
Körperschwäche, 2 Uhr morgens.* Puis, comme · des · millions · d'
autres · *le* · FOUR: Je n'ai pas visité. J'avais envie d'entrer
voir? ... Le secouriste Croix-Rouge glisse à son copain *J'ai déjà
vü, il y a 2 ou 3 ans. Il y a des CROCHETS de boucher au*
mür comme pour dü

*bétail! Je ne tiens pas à revoir
ça;*   Son copain a le regard fixé sür
la longue cheminée (en tôle noire) *mince comme un* / cigare /
de / dame,

Hitler *fümait-il*? ... Mais les gens autour de nous se pressent
à la

porte; mine de rien ils entrent VOIR et *moi · aussi · üne ·
envie* (dans le ventre) sous le ceintüron? Quelqu'un *explique*
& les

gens restent *longtemps à l'intérieur*! Les trois journalistes
aussi ont

pénétré! Il y a *dü* plaisir à regarder / *la* / *potence* / encore /
en / place //

da drüben auf den stufenförmigen Terrassen; Der Galgen hat noch *ein*
dickes Seil mit einem dicken Knoten *Obszön* wie die
Vorhaut eines Monsters – und wenn sie ENDLICH rauskommen aus dem besagten
OFEN weinen · die · Leute · *nicht*: Sie schwätzen *friedlich,*
sehen ruhig aus; sie haben mit den *Augen* an der Orgie von damals
teilgenommen, der Orgie der *anderen* Die Orgie der MENSCHENFRESSER (heimliches *Vergnügen*)
                                                                                                        auch die
Frauen & die jungen Frauen! „Hier im Struthof gab es
                                                              nur ein einziges
Krematorium. In den großen K.Z.s in Deutschland-Polen war es
                                                                                    viel
schlimmer, man verbrannte zu Tausenden in mehreren Dutzenden // von //
Öfen/ gleichzeitig" – Waren die Henker
geil? ... Und die Opfer auch vielleicht? ... Hat der heilige Sebastian
unter den Pfeilen gejubelt? ... Dieser Besuch im Krematorium nimmt kein
                                                                                          En=
de mehr! ich warte draußen unter der Sonne! An einer der
                                                                      Türen gibt es
sogar · ein · kleines · Mädchen · das · träumend · warte · t · sie ·
                                                                                auch – Wer hat
die schreckliche Idee gehabt (*in diesem Krematorium*) ein ganz
                                                                              kleines
Mädchen-Fee mitzunehmen, ich glaube sie war blond & es war ich bin sicher *Die*
Prinzessin SHABBAT auf die alle Juden der Welt *hoffen*? ...
                                        Wenige Schritte davon entfernt der *Kerker* wo man
mit trockenem Brot & Wasser die bestraften Gefangenen einsperrte. Mein
                                                                                            Vater
blieb dort 3 Wochen, weil er sich geweigert hatte
seinen Ehering den Nazis zu liefern. Sehr katholisch,
                                                                  sein goldener Trauring
wird zu / seiner / Folter / & / *seinem*
Kreuz!   Er war Philosoph und hat in Berlin um 1928
Jean-Paul SARTRE in die Gedankenwelt Husserls eingeführt. *Man hat*
das Schicksal, das einem ähnelt, Sartre machte die Karriere die man
gesehen hat, er lehnte sogar den Nobel-Preis ab & und mein Vater ging mit
                                                                                        Millionen
von Anderen / bis / in / den //
Tod aber wie widerwillig,
mit dem Ideal, seinen Tod & seinen Körper
dem Europa (*dem Frieden*) zu schenken, der

là-bas sür les terrasses en gradins; La potence a encore *üne*
grosse corde avec un gros nœud *Obscène* comme le
prépüce d'un monstre – et quand ils sortent ENFIN düdit
FOUR, les · gens · ne · pleurent pas: Ils causent *paisiblement*,
ont *l'air* calme; ils ont participé *des yeux* à l'orgie d'autre=
fois, l'orgie des *autres* L'orgie / des / OGRES *(plaisir* caché*)*
                                                         même les
femmes & les jeunes femmes! «*Ici au Struthof il n'y avait*
                                                       qu'un seul
crématoire. Dans les grands K.Z. d'Allemagne-Pologne c'était
                                                       beaucoup
pire, on brûlait par milliers dans plüsieurs dizaines // de //
fours / à / la / fois» - Est-ce que les bourreaux
bandaient?... Et les victimes peut-être aussi?... Saint-Sébastien
sous les flèches, jübila-t-il?... Cette visite au crématoire n'en
                                                                fi=
nit plüs! j'attends dehors sous le Soleil. Dans l'une des
                                                      portes il y a
même · une · petite · fille · qui · rêveusement · attend · elle
                                                                   aussi – Qui donc a eü
l'affreuse idée d'amener ici *(dans ce Krématoire)* üne toute
                                                                petite
fille-fée, elle était blonde je crois & c'était j'en suis sûr *La*
princesse SHABBAT que tous les Juifs du Monde *espèrent*? ...
                                           À peu de pas de là le *Cachot* où on
enfermait avec pain sec & eau les prisonniers pünis. Mon
                                                                  père y
füt 3 semaines, parce qu'il refüsa
de livrer son anneau de mariage aux nazis. Très catholique,
                                                       l'alliance d'or
sera / sa / tortüre / & / sa
croix!   Philosophe c'est lui qui à Berlin vers 1928 a
initié Jean-Paul SARTRE à la pensée de Husserl. *On a*
le destin qui vous ressemble, Sartre fit sa carrière qu'on a
vüe, même il refüsa le prix Nobel & mon père avec des
                                                        millions
d'autres / alla / jüsqu'à / la //
mort // mais comme à contre-
cœur, dans l'idéal d'offrir sa mort & son corps à l'
Europe *(à la paix)* à la ...

Heiligen Maria! ... Es war (alle seine Freunde haben es geschrieben) es
war ein Heiliger, jemand mit einer unendlichen Sanftmut und
Güte! ... Wenn er überlebt hätte so hätten wir meine
Mutter meine Schwester & ich · Gelebt · in · sehr · großer
Freude! ... Sein Martyrium hat uns *seit 50 Jahren* in ein
Fegefeuer gestürzt (ihr / könnt / nicht / wissen) beinahe
jeden Tag!...

* * * * *

Hinter den Stacheldraht-Aussichtstürmen gibt es zu Hunderten am Rande des
                                  Waldes
Die / *Fingerhüte* / der / Vogesen // stolz / wie / die Hoffnung // man
                          macht daraus
Beruhigungsmittel für das Herz. Mit zusammengepressten Kinnladen und geschlossenem Gesicht
ich *weine nicht* // ich schaue!... ich bin lebendig!... / & *ich* werde daraus kom=
                               men!...

* * * * *

... sieh da, hier bin ich als einer der Letzten der aus dem
               verfluchten Tor rauskommt. Aber der
Wächter hat schon abgeschlossen! Ich werde ein bisschen verwirrt, er sieht nicht so aus
als ob er mich verstehen würde & in einem Wink bin ich also *abgeschlossen* im
Lager! Schließlich (gottlob) öffnet er *mir* & hat ebenfalls den Streich den
drei Kumpeln von France-Culture gespielt, ich kenne sie besser als...
Sie (wirft er mir zu), ich mag das nicht & alle vier
                         gehen wir daraus
gezwungen lächelnd – Aber 50 Meter vom Boden entfernt, auf dem
Blitzschutz während im Klagelied das
Partisanenlied ertönt gibt es da oben plötzlich eine
Lerche die singt & *zirpt* aus vollem Hals! Hört dann die
Musik auf stoppt der Vogel sofort, *fliegt weg* &
lässt · sich · vom · Gedenkstein · fallen · in · Richtung · Grasboden! Dann
                 spielt wieder die
Fanfare, sofort steigt die Lerche auf die Spitze des
Monuments & beginnt aus vollem Hals wieder die größte
Ehre sei Gott!... aber weder der Vogel noch Gott wissen was die
Menschen (*sich schämend über ihr Sein?...*) zu ihren Füssen getan
haben ! Zusammengedrängt wie Würmer
horchen sie beten ein bisschen, musizieren, *ziehen vorbei* Trommeln
                         Trompeten &

Vierge-Marie! ... C'était (tous ses amis l'ont écrit) c'é=
tait un Saint, quelqu'un d'üne douceur & d'üne
bonté infinies! ... S'il avait sürvécü nous aurions ma
mère ma sœur & moi · Vécü · *dans* · *üne* · *très* · *grande*:
joie! ... Son martyr nous a *depuis 50 années* plongé dans un
pürgatoire (vous / ne / pouvez / pas / savoir) de quasi-
chaque jour!...

* * * * *

Derrière les barbelés-miradors il y a par centaines à l'orée dü
                                                                                   bois
les / *digitales* / des / Vosges // fières / comme / l'espoir // on
                                                                                  en fait dü
calmant pour le cœur. Mâchoire serrée face fermée je ne
pleure pas // je regarde! ... je suis vivant! ... & *j'en* sorti=
                                                                                                =rai! ...

* * * * *

... *tiens*, me voici l'un des derniers à sortir par le portail
                                                                                    maudit. Mais le
gardien a déjà fermé à clé! Je m'affole un peu, il n'a pas *l'air* de me
comprendre & un clin d'œil donc je suis *retenü à clé* dans le
camp! Il finit par (ouf) *m'ouvrir* & a fait le coup aussi à
nos trois copains France-Culture, je les connais mieux que...
vous (me lance-t-il), je n'apprécie pas & tous les quatre nous
                                                                                               sortons de là
en souriant *jaune* – Mais à 50 mètres dü Sol, sür le
para-foudre pendant que résonne en lamento le
Chant des Partisans il y a soudain là-haut üne
alouette qui chante & *grésille* à tüe-tête! Puis quand la
müsique s'arrête l'oiseau stoppe net, s'envole & il ...
se · *laisse* · *tomber* · *dü* · *mémorial* · *vers* · *les* · *gazons*! Voici
                                                                                                 que rejoua la
fanfare, aussitôt l'Alouette remonte sür l'auguille dü
Monüment & recommence à tüe-tête à la plüs püre
Gloire-Dieu!... mais ni l'oiseau ni le Dieu ne savent ce que les
hommes (*honteux d'être*?...) sont venüs à leurs pieds co=
mmettre!... Massés là comme des Vers-de-terre *ils*
écoutent prient un peu, müsiquent *défilent* Tambours
                                                                                                clairons &

Fahnen (fleckige) *durch das ganze Lager*, vom Galgen bis zum
Ofen, vom Museum zum Kerker. Die Gaskammer liegt abseits,
sie · werden doch · nicht · bis · dahin? ... Kann man besuchen
auch *die*

Gas / Kammer? ... (die Leute würden sicherlich nicht ablehnen)
–- Nein weder der Vogel (noch die Engel) noch die SONNEN
noch die

Milliarden · Sterne · Milchstraßen · wissen · ein · Tausendstel
von dem was die „Menschen" *hier* getan haben! ...
vor allem sagt es nie den Löwen Tigern Walfischen,
den Hunden noch den Katzen, sagt es nicht
den schleimigsten & *weichlichsten Tieren,* denn die
kältesten Monster des Universums, wenn sie von unseren
Verbrechen erführen (*unser Kannibalismus*) unsere Millionen *Mord*=
Taten, so würden sie vor Scham erröten!!! ... Sie
Würden *vor Schmerz* sterben & die SONNE selbst,
die · Sonne · *an · dem · Tag · wo · sie* ...
wissen wird, *unsere*! SONNE wird *ex-plo-*
die-ren!!! ...

28. Juni 1994

drapeaux (baveux) *à travers tout le camp*, de la potence au
four, dü müsée au cachot. La chambre-à-gaz est à l'écart,
ils · n'iront · quand · même · pas · jüsquà? ... Peut-on visiter
                       aussi *la*
chambre / à / gaz?... (les gens sûrement ne refüseraient
pas) – Non *l'*oiseau ni le dieu (ni les anges) ni les SOLEILS,
                        ni les
milliards · d'étoiles · *Galaxies* · ne · savent · pas · le ...
millième de ce que les «hommes» *ici* ont fait! ...
sürtout ne le dites jamais aux lions Tigres baleines,
aux chiens ni chats, ne le dites *pas*
aux bêtes les plus Visqueuses & molles, car les
monstres les plus froids de l'Univers, s'ils apprenaient nos
crimes (*nos Anthropophagies*) nos millions *d'assassi=
nats*, ils rougiront de honte!!! ... *Ils*
mourront de douleur & le SOLEIL lui-même,
le · Soleil · le · jour · où · il ...
saura, *notre*! SOLEIL! *ex-plo-*
                   se-ra!!! ...

le 28 juin 1994

Michel Lemercier:
Der Struthof

Dort ganz oben über einer sorglosen Bruche[1]
    der Struthof

In jener Zeit
    schneite es Blut
    man erhängte in Musik
    für eine Kleinigkeit
    wurde eine Kugel in den Nacken geschossen

Gedächtnissplitter
    halten an, für ein ungewöhnliches Wiedersehen

Echo
    des allerletzten ihrer Träume
    in dieser Luft, die nach verbranntem Aas stank
    wenn sie – die Zeit der allerletzten Sekunde
    ihrer gefolterten massakrierten Existenz –
    wiedersahen
        blaue Fjorde
        blühende Brüste
        Häuser mit toten Augen
        abgebrannte Kornfelder

Ein plötzlicher Windsturm, da sind wir schon
                            geschleudert
in das unsägliche Heute mit den unverwüstlichen
                            Gemetzeln
wo immer noch herausspritzt das Blutbrechen
von neuen Struthofs
    den Kugeln Minen den Macheten preisgegeben

Es schneit immer noch Blut
    durch die Welt
    die Hölle ignoriert Zeiten und Grenzen

Michel Lemercier:
Le Struthof

Tout en haut d'une Bruche insoucieuse
    le Struthof

En ce temps-là
    il neigeait du sang
    on pendait en musique
    pour un rien
    on vous collait une balle dans la nuque

Des éclats de mémoires
    font halte pour d'insolites retrouvailles

Échos
    du tout dernier de leurs rêves
    dans cet air qui puait la charogne brûlée
    quand – l'espace de la toute dernière seconde
    de leur existence torturée massacrée –
    ils revoyaient
        des fjords bleus
        des seins en fleur
        des maisons aux yeux morts
        des blés incendiés

Une bourrasque soudaine et nous voilà projetés
    dans l'indicible aujourd'hui aux inusables tueries
    où giclent toujours les vomissures
    de Struthofs inédits
    au gré des balles des mines des machettes

Il neige toujours du sang
    de par le monde
    l'enfer ignore temps et frontières

Beim Hinaufsteigen zum Champ de Feu sich freuend 　　　　　　　　　　auf Skilaufen[2] auch an diesem heutigen strahlenden Morgen mit immer noch ängstlichem Blick auf dieses eingeschlossene Blutbad Unter der Brise von Rothau ein Struthof desinfiziert neugestrichen verzinkt vorzeigbar museumsfähig 　　　für neugierige Touristen 　　　für unwissende Passanten für nachdenkliche Pilger eigens aus Frankreich Deutschland oder anderswo 　　　　　　　　　　kommend Schwarz riesig wild wie ein SS-Mann 　　　eine Tanne 　　　mit Wurzeln, die von der Asche des Krematoriums 　　　　　　　　　genährt sind 　　　reckt und streckt sich 　　　ohne Murren und ohne Scheu 　　　　Eine verliebte Meise 　　　　hat sich soeben dort eingenistet	En montant vers un Champ du Feu de skieuse allégresse 　　　　　　même par un radieux matin d'aujourd'hui 　　　　　　coup d'œil toujours anxieux 　　　　　　sur cet enclos d'hécatombe Sous la brise de Rothau un Struthof désinfecté repeint galvanisé montrable muséable 　　　　　　pour touristes curieux 　　　　　　pour passants ignares 　　　　　　pour de songeurs pélerins 　　　　　　venus tout exprès de France d'Allemagne 　　　　　　　　　　ou d'ailleurs Noir immense farouche comme un SS 　　　un épicéa 　　　aux racines nourries de cendres du crématoire 　　　sans grogne ni vergogne 　　　fait le beau. 　　　　Une mésange amoureuse 　　　　vient d'y faire son nid

1 Die Breusch: Elsässischer Fluss, Zufluss der Ill
2 Der Champ du Feu war früher und ist immer noch ein beliebtes Skigebiet

Aus: Camp Struthof. Contre l'oubli. Le camp de concentration du Struthof, Schirmeck 1998

Extrait de: Camp Struthof. Contre l'oubli. Le camp de concentration du Struthof, Schirmeck 1998

Judy Chicago:
Die Banalität des Bösen

Natzweiler, das erste Konzentrationslager, das wir besuchten, verschwamm wie ein Riese im Nebel. All das was ich gelesen habe, hat mich nicht darauf vorbereitet: auf die Stacheldrahtreihen, die feuchte kalte Luft, die sieben Kilometer lange Straße, die die Häftlinge hinaufgehen mussten (und die sie zunächst bauen mussten), und auf das Hotel daneben im Struthof, drei Kilometer vom Lager entfernt. Direkt auf der anderen Seite der Gaststätte war ein Badehaus, das irgendwann in eine Gaskammer für das Konzentrationslager umgewandelt wurde.

Es war so neblig, dass wir das Lager oder das Museum schwer sehen konnten, in denen das Wort Jude kaum erwähnt wurde. Dies schockierte uns, denn in den USA wird die jüdische Erfahrung in erster Linie betont. Hier bezieht man sich des öfteren auf die französischen „Märtyrer und Patrioten", die während des Krieges starben. (…)

Wir sind durch das alte Dorf Natzweiler gefahren und fragten uns, ob die Bewohner und Bewohnerinnen die Häftlinge beim beschwerlichen Hinaufklettern zum Hügel beobachtet haben. Alle müssen sie gesehen haben, als diese vom Bahnhof zum Lager liefen. War das den Menschen egal?

Als wir durch die windige Straße zum Berg hinauffuhren, kamen wir zu dem Platz, wo „alle alles tun konnten" – und es getan haben. Ich sah und fühlte das BÖSE zum ersten Mal. Dieses Wort habe ich nie verstanden, noch Bezüge dazu hergestellt. Aber heute roch ich es, spürte, wie böse Menschen sein können. Es lag in der Luft, in der Feuchtigkeit, es lag in den gewundenen Straßen, die die Gefangenen hinaufliefen.

Am Ersten Tag unserer Reise war ich schon erschlagen; kein noch so langes Studium kann das vermitteln wie das Stehen auf dem Boden, wo diese schrecklichen Taten begangen wurden. (…)

Wir fuhren weiter auf der kurvenreichen Straße, bis wir wieder zum Struthof kamen, wo die scheinbar unschuldi-

Judy Chicago:
La banalité du mal

Natzwiller, le premier camp de concentration que nous avons visité, s'estompait tel un géant dans la brume. Tout ce que j'avais lu ne m'avait pas préparée aux rangées de barbelés, à l'air froid et humide, à la longue route de sept kilomètres que les détenus devaient grimper (et qu'ils ont dû d'abord construire), et au bar-hôtel à côté, au Struthof, à trois kilomètres du camp. Juste de l'autre côté de l'auberge se trouvaient les bains qui furent transformés on ne sait quand en chambre à gaz pour le camp de concentration.

Il y avait tellement de brouillard que nous pouvions à peine voir le camp ou le musée, où le mot juif n'était pratiquement pas mentionné. Cela nous a choqués, car aux Etats-Unis on insiste surtout sur l'expérience juive. Ici, il y a de nombreuses références aux «martyrs et patriotes» morts pendant la guerre. (…)

Nous avons conduit à travers l'ancien village de Natzwiller et nous sommes demandés si les habitants observaient les détenus lorsque ceux-ci s'éreintaient sur la colline. Tout le monde a dû les voir marcher de la gare jusqu'au camp. Les gens s'en fichaient-ils?

Nous avons grimpé sur les routes sinueuses de la montagne et sommes arrivés à l'endroit où «n'importe qui pouvait faire n'importe quoi» – et le fit. Alors j'ai vu et senti le MAL pour la première fois. Je n'ai jamais compris ce mot ni vu ses corrélations. Mais aujourd'hui, je le sentais, je sentais combien les êtres humains pouvaient être mauvais. C'était là dans l'air, dans l'humidité, c'était dans les chemins tordus, sur lesquels les prisonniers marchaient.

Ce Premier Jour de notre voyage, j'étais déjà accablée; on peut étudier autant qu'on veut, ce n'est pas la même chose que de se trouver sur le sol où des actes horribles ont été accomplis. (…)

Nous avons continué sur la route aux virages sinueux pour revenir au Struthof, à l'auberge aux allures innocen-

ge Gaststätte ein Treff der Nazis während des Kriegs war. Wir fragten uns, ob die Leute im Innenhof gesessen und ihre Aperitifs getrunken haben und dabei die Menschen vergaßen, die auf den Tod warteten, oder die schrecklichen Schreie derjenigen, die feststellten, dass nicht Duschen auf sie warteten, sondern Gas.

Mein Bild von der hübschen französischen Landschaft begann zu bröckeln, als ich um mich herum einige ältere Leute beim Mittagessen sah und mich fragte, was sie während des Krieges getan hatten. Hatten sie ihr üppiges Mittagessen weiter gegessen, dem Geschehen auf der anderen Seite der Straße oder drei Kilometer weiter verschlossen? (...)

Auszug aus: Judy Chicago, with photography by Donald Woodman, Holocaust Project. From Darkness into light, Viking Penguin and Penguin Groups, New York/London 1993 (Übersetzung aus dem Englischen)

tes, dans laquelle les nazis se recontraient pendant la guerre. Nous nous demandions si les gens étaient assis dans la cour intérieure, sirotant leurs apéritifs, oublieux des êtres qui attendaient la mort ou des affreux cris de ceux qui réalisaient que ce n'étaient pas des douches qui les attendaient, mais le gaz.

Mon image de la douce campagne française s'effritait lentement tandis que je regardais alentour les personnes âgées déjeunant et je me demandais ce qu'elles avaient fait pendant la guerre. Avaient-elles continué à manger leurs copieux déjeuners, fermées à ce qui se passait de l'autre côté de la rue ou à trois kilomètres d'ici? (...)

Extrait de: Judy Chicago, with photography by Donald Woodman, Holocaust Project. From Darkness into light, Viking Penguin and Penguin Groups, New York/London 1993

Roger Dale:
Blicke auf die Freiheit

... Das erste Mal, als ich im Struthof war, war ich zutiefst bewegt von der paradoxen Anwesenheit von Schönheit und Leid. Ich habe mich gefragt, was ein Gefangener mit unvorstellbaren Schmerzen vor einer solchen wunderschönen Landschaft empfindet. Bedeutete diese eine Art Linderung, sogar Hoffnung, oder war sie eine zusätzliche Qual? (...)

In dieser Serie gibt es hundert Bilder, jedes davon stellt ein Jahr dieses Jahrhunderts dar. In diesem Jahrhundert, und zum ersten Mal seit ältester Zeit, wurde die Vernichtung der Menschen industrialisiert (...)

Diese Bilder sind eine Gabe, ein Akt der Solidarität mit allen Opfern. Ihre Wirkung kann lächerlich erscheinen gegenüber einem solchen Drama, aber ich glaube, dass wir alle, jeder und jede von uns, uns für die mit dem Menschen verbundene Freiheit engagieren könnten, mit Talent, Energie, Liebe und Bewusstsein. Die Menschheit könnte vielleicht einmal dieser Erde würdig sein.

Auszug aus: Struthof, 100 vues de la liberté, Association Mitteleuropa/Roger Dale, bf éditions, Strasbourg 1995, S. 7 f.

Roger Dale:
Vues de la liberté

... La première fois que j'ai été au Struthof, j'ai été profondément ému par la présence paradoxale de beauté et de souffrance. Je me suis demandé ce que ressentait un prisonnier souffrant de manière inimaginable devant un paysage tellement beau. Signifiait-il un réconfort, un espoir même ou était-ce un tourment supplémentaire? (...)

Dans cette série, il y a cent tableaux, chacun représentant une année de ce siècle. C'est dans ce siècle que pour la première fois dans l'histoire des temps l'extermination d'êtres humains a été industrialisée (...)

Ces peintures sont une offrande, un acte de solidarité avec toutes les victimes. Leur pouvoir peut sembler dérisoire en face d'un tel drame mais je crois que nous tous, chacun et chacune d'entre nous, peuvent s'engager pour la liberté inhérente à la personne humaine, avec talent, énergie, amour et conscience. L'humanité pourrait une fois peut-être devenir digne de cette terre.

Extrait de: Struthof, 100 vues de la liberté, Association Mitteleuropa/Roger Dale, éditions bf, Strasbourg 1995, pp. 7

Sylvie Reff:
Seid ihr schon einmal auf dem Struthof gewesen?

Heilige Odilie die das Elsass schützt,
und du, liebe Hildegard von Bingen
seid ihr schon einmal auf dem Struthof gewesen?
Dort hat Frau Zeit Haar und Zähne verloren,
Seither schaut sie kein Mann mehr an.

„Sie starben damit wir leben"

Aber wir leben und lieben noch so schlecht.

Wir verhüllen das Gesicht,
wenn das Unglück an uns vorbeigeht.

Wir schauen es nicht an, damit es uns nicht sieht,
wir grüßen es nicht, als ob es eine Unbekannte sei,
wir schalten den Fernseher ab und fressen weiter.

Dann lecken wir wieder den Honig aus den Stunden,
und singen, weil jeder Baum einen Schatten hat.

Sylvie Reff:
Avez-vous déjà été au Struthof?

Anne, ma sœur, et toi, chère Hildegard de Bingen,
   avez-vous déjà été au Struthof?
C'est là que Dame Temps perdit cheveux et dents
   même qu'aucun homme ne la regarde
   plus depuis longtemps

   C'est là qu'on peut lire:
«Ils sont morts pour que nous puissions vivre»

mais nous vivons, nous aimons toujours aussi mal.

   Lorsque le malheur nous croise,
   nous nous cachons le visage
   nous évitons de le regarder
   afin qu'il ne nous voie pas

   nous évitons de le saluer
   comme si c'était un étranger
   nous éteignons la télé
   nous continuons à nous empiffrer.

   Puis, comme si de rien n'était,
nous léchons à nouveau le miel au fond des heures
et nous remettons à chanter, tant que chaque arbre
   a son ombre.

Zukunft des Erinnerns

Gegen Neofaschismus und Rechtsextremismus

Am 30. April 2000 fand auf dem Struthof ein Landesjugendtreffen des DGB Baden-Württemberg und der Naturfreunde-Jugend statt. Der Vorsitzende des DGB Baden-Württemberg, Rainer Bliesener, würdigte in seiner Rede vor den Teilnehmern das Vermächtnis der ermordeten Häftlinge und des antifaschistischen Widerstandes und zog am Ende seiner Gedenkrede Schlussfolgerungen für unsere heutige Zeit:

Wo sich keine gesellschaftliche Gegenwehr gegen Arbeitslosigkeit, Ungerechtigkeit, Ausgrenzung und Benachteiligung organisiert, entsteht ein Freiraum, den extreme Rechte und populäre Vereinfacher auszufüllen drohen.

Rechtsextremismus ist deshalb nicht nur eine Herausforderung für die Politik, sondern auch für das Selbstverständnis der Gewerkschaften.

Ich gehe davon aus, dass ganz unabhängig von der weiteren Entwicklung in unserem und in anderen Ländern das Thema Rechtsextremismus auch bei uns in den nächsten Jahren nicht von der Tagesordnung verschwinden wird.

13 % der Bevölkerung haben nach Untersuchungen ein rechtsextremes Weltbild.

Wir haben deshalb allen Grund, nicht immer nur dann, wenn gerade irgendwo etwas passiert ist oder die Rechten organisiert irgendwo auftreten, zu reagieren, sondern wir brauchen eine breite konzeptionelle Arbeit und ein langfristiges Handeln in möglichst vielen gesellschaftlichen Feldern, um den Gefahren rechtsextremen Handelns zu begegnen und die Chancen demokratischer Strukturen zu stärken.

Letztlich aber kommt es auch auf das alltägliche Engagement von jedem Einzelnen an: in der Schule, am Arbeitsplatz, in allen Lebensbereichen.

Für uns sind folgende Grundsätze Handlungsrichtschnur:

L'avenir de la mémoire

Contre le néofascisme et l'extrémisme de droite

Le 30 avril 2000, une rencontre de jeunes syndicalistes et Amis de la Nature de Bade-Wurtemberg avait lieu au Struthof. Dans son intervention, le Président de l'Union des syndicats (DGB) de Bade-Wurtemberg, Rainer Bliesener, honorait la mémoire des détenus assassinés et de la résistance antifasciste, tirant les conclusions suivantes pour aujourd'hui:

Quand la société ne réagit pas contre le chômage, l'injustice, l'exclusion et les discriminations, un espace vacant s'installe que l'extrême-droite et les simplificateurs populaires menacent d'occuper.

Pour cette raison, l'extrémisme de droite ne représente pas seulement un défi pour la politique mais pour les syndicats-mêmes.

Je pars du principe qu'indépendamment de l'évolution en Autriche le thème de l'extrémisme de droite ne disparaîtra pas chez nous de l'ordre du jour dans les années à venir.

Selon des enquêtes, 13 % de la population ont une conception du monde extrémiste de droite.

Nous avons donc de bonnes raisons de ne pas seulement réagir lorsque quelque chose vient d'arriver ou lorsque la droite s'organise; nous avons besoin d'un travail conceptionnel et d'une action à long terme dans le plus de secteurs possibles de la société, afin de parer aux dangers de l'action d'extrême-droite et de renforcer les chances de structures démocratiques.

Finalement, c'est l'engagement quotidien de chacun qui compte: à l'école, au travail, dans toutes les sphères de la vie.

Les principes suivants nous servent d'orientation dans l'action:
– la création d'un climat social de démocratie et de tolérance,
– le refus de modèles économiques et sociaux qui assu-

- die Herstellung eines gesellschaftlichen Klimas für Demokratie und Toleranz,
- die Ablehnung wirtschafts- und sozialpolitischer Modelle, die den Wohlstand der Menschheit auf Kosten einer Minderheit sichern,
- ausreichende Beschäftigungsmöglichkeiten für alle, die sich legal in der Bundesrepublik aufhalten,
- der Einsatz für ein Demokratieverständnis, das auf der politischen Teilhabe aller beruht,
- die Anerkennung der Tatsache, dass die Bundesrepublik ein Einwanderungsland ist und wir mit allen Vor- und Nachteilen einer multikulturellen Gesellschaft leben müssen,
- und dass wir die entsolidarisierende Wirkung von Konkurrenz und Leistung im Arbeitsprozess thematisieren müssen.

Wir müssen ein gesellschaftliches Klima herstellen, in dem das Konkurrenz- und Leistungsprinzip mit den demokratischen Grundwerten Gleichheit, Toleranz, Solidarität und Selbstbestimmung im Einklang steht.

Ich hoffe, dass ihr mit dazu beitragt, jeder und jede an seinem und ihrem Platz, dass Ausländerfeindlichkeit, Rassismus und Intoleranz, dass Rechtsextremismus und Neofaschismus sich in unserem Land nicht noch weiter ausbreiten.

Rainer Bliesener

rent le bien-être de l'humanité aux dépens d'une minorité,
- un nombre suffisant de possibilités d'emplois pour tous ceux et celles qui séjournent légalement en France,
- l'engagement pour une démocratie qui repose sur la participation politique,
- la reconnaissance du fait que la République fédérale est un pays d'immigration et que nous devons vivre avec tous les avantages et désavantages d'une société multiculturelle,
- et de ce que nous devons thématiser les conséquences de la concurrence et de la performance dans le processus du travail – un phénomène de désolidarisation.

Nous devons créer un climat social dans lequel le principe de rendement et de concurrence concorde avec les valeurs fondamentales d'égalité, de tolérance, de solidarité et d'autodétermination.

Je souhaite que chacun et chacune contribuent à ce que la xénophobie, le racisme et l'intolérance, l'extrémisme de droite et le néofascisme ne se développent pas encore plus dans notre pays.

Rainer Bliesener

Das Projekt eines europäischen Zentrums des deportierten Widerstandskämpfers im Nazi-Konzentrationslagersystem. Im Dienste des Gedenkens und der Wachsamkeit

Um die Zukunft besser zu begreifen, muss man die Vergangenheit kennen. Ein kurzer Rückblick bietet sich an, um einerseits die Besonderheit des Konzentrationslagers Natzweiler-Struthof und andererseits das, was nach 1945 daraus geworden ist, zu erklären.

Le projet de Centre européen du résistant déporté dans le système concentrationnaire nazi. Une réalisation au service de la mémoire et de la vigilance

Pour mieux comprendre l'avenir, il faut connaître le passé. Un bref retour en arrière s'impose pour expliquer la spécificité du camp de concentration de Natzweiler-Struthof d'une part et ce qu'il en est advenu depuis 1945 d'autre part.

Die Besonderheiten

Das meist als Struthof bezeichnete Lager ist das einzige Nazi-Konzentrationslager, das auf französischem Boden bestand (nach dem faktischen Anschluss des Elsass an das „Dritte Reich").

Viele Häftlinge, die aus ganz Europa kamen, waren Widerstandskämpfer.

Im Struthof wurden den Befehlen folgend alle N.N.-Häftlinge aus Internierungslagern und aus allen Nazi-Lagern zusammengefasst.

Eine „experimentelle" Gaskammer wurde 1943 in der Nähe des Struthof eingerichtet, um unter anderem dem SS-Professor an der Reichsuniversität von Straßbourg August Hirt zu erlauben, seine pseudowissenschaftlichen Arbeiten über die Form der „jüdisch-bolschewistischen" Schädel durchzuführen! Mehr als hundert Juden und „Zigeuner" aus Birkenau wurden dort ermordet.

Die Sterblichkeit war im Lager Struthof besonders hoch: 20.000 von 45.000 Registrierten (immer noch ungenaue Zahlen).

Das Lager Struthof seit 1945

Nach der Evakuierung der Überlebenden im September 1944 nach Dachau und in die Außenkommandos im Neckartal wurde das Lager im November 1944 von der amerikanischen Armee befreit.

Von Januar 1945 bis 1949 wurde es zunächst in ein Internierungslager der französischen Miliz (Kollaborateure des Nazi-Regimes) umgewandelt, dann in eine Strafanstalt für Kriminelle.

Seit 1949 ist es der Leitung des Ministeriums der ehemaligen Kämpfer unterstellt; das Gelände, die Gaskammer und der Steinbruch sind als historische Monumente klassifiziert.

Im Juli 1960 weihte General de Gaulle das Memorial der Deportation oberhalb des Lagers ein. Dieses Monument wurde in Zusammenarbeit mit der 1953 gegründeten Exekutivkommission des Nationalen Komitees für dieses Memorial errichtet.

Ses spécificités

Le «Struthof» (couramment dénommé ainsi) est le seul camp de concentration nazi ayant existé sur le territoire français (après l'annexion de fait de l'Alsace par le «IIIème Reich»).

Beaucoup de détenus, venant de toute l'Europe, étaient des Résistants.

C'est au «Struthof» que, suivant les ordres donnés, ont été regroupés tous les détenus N.N. en provenance des lieux d'internement et de tous les camps nazis.

Une chambre à gaz «expérimentale» fut aménagée en 1943 à proximité du «Struthof» pour permettre notamment au SS August Hirt, Professeur à la Reichsuniversität de Strasbourg, de poursuivre ses travaux pseudo-scientifiques sur la forme des crânes de «judéo-bolcheviks»! Plus de cent juifs et tziganes en provenance de Birkenau y furent assassinés.

La mortalité au «Struthof» a été particulièrement forte: 20.000 sur 45.000 immatriculations (chiffres encore approximatifs).

Le camp du Struthof depuis 1945

Après l'évacuation des survivants en septembre 1944 vers Dachau et les kommandos du Neckar, le camp a été libéré en novembre 1944 par l'armée américaine.

De janvier 1945 jusqu'en 1949, il a d'abord été transformé en centre d'internement administratif (miliciens français, collaborateurs avec le régime national-socialiste) puis en pénitentiaire (pour des condamnés de droit commun).

Depuis 1949, il est placé sous la gestion du Ministère des Anciens Combattants; le sol, la chambre à gaz et les carrières sont classés monuments historiques.

En juillet 1960, le Général de Gaulle inaugure le Mémorial de la Déportation qui domine le camp; ce monument est édifié avec le concours de la Commission exécutive du Comité National de ce Mémorial, créé en 1953.

Les baraques en bois où étaient parqués les détenus ont été incinérées, faute de pouvoir être entretenues.

Die Holzbaracken, in denen die Häftlinge zusammengepfercht waren, wurden verbrannt, da sie nicht unterhalten werden konnten.

Ein Museum befindet sich in der Baracke der ehemaligen Schreibstube.

Dieses Museum wurde zweimal, 1976 und 1979, Opfer von Aktionen einer neonazistischen Gruppe mit internationaler Resonanz, der „Schwarzen Wölfe". Die Täter wurden zu Haftstrafen verurteilt.

Die Eröffnung des Lagers für das Publikum fand 1960 statt. Nur im Januar und Februar ist es geschlossen. Die Besucher kommen aus ganz Europa, Einzelne oder Gruppen.

Wir stellen mit Genugtuung ein zunehmendes Interesse von Jugendlichen fest, insbesondere bei Schülern und Schülerinnen, die in Begleitung ihrer Lehrer diesen Ort entdecken wollen. Solche Besuche von Jugendlichen als angehende stimmberechtigte Bürger tragen sicherlich dazu bei, sie gegen das Wiederaufleben totalitärer Ideologien wachsamer zu machen. Wir bringen unsere Zeugenaussagen ein, und die Diskussionen sind oft spannend.

Die jährliche Besucherzahl nähert sich heute den 150.000, unter ihnen mehr als zwei Drittel Jugendliche.

Bücher, Broschüren und Dokumente über die Résistance und die Deportation werden durch die Exekutivkommission des Struthof zum Verkauf angeboten. Diese hat die wichtige Aufgabe, über diesen Ort zu wachen, die Erinnerung an die Deportierten sowie das Vermächtnis der Deportation wachzuhalten.

Und heute?

57 Jahre nach der Befreiung der Nazi-Konzentrationslager und nach dem historischen Datum des 8. Mai 1945 fragen sich einige, ob es angebracht sei, den Standort des Struthof weiterhin aufrechtzuerhalten.

Die Antwort ist klar: Sie geht sowohl von den in ihrer Organisation zusammengefassten Überlebenden wie von der Regierung der Französischen Republik aus.

Schon vor langer Zeit haben unsere deportierten Kameraden die Idee unterbreitet, ein europäisches Zentrum

Un Musée est installé dans le baraquement de la Schreibstube.

Ce Musée est victime à deux reprises (1976 et 1979) d'agissements menés par un groupe de néo-nazis «Les loups noirs» à résonance internationale.

Ils seront jugés et condamnés à des peines d'emprisonnement.

L'ouverture du camp au public est intervenue après 1960 (sauf en janvier et février). Les visiteurs affluent venant de toute l'Europe, qu'ils s'agisse de particuliers ou de groupes de déplacement en cars.

Nous constatons avec une réelle satisfaction l'intérêt croissant de la jeunesse, et particulièrement de groupes d'âge scolaire venant découvrir ce lieu accompagnés de leurs professeurs. Une telle visite par ces adolescents – bientôt citoyens aptes à exercer le droit de vote – contribue certainement à les rendre plus vigilants face à toute résurgence d'idéologies totalitaires. Nous leur apportons nos témoignages et les débats sont souvent intéressants.

Le nombre de visiteurs approche 150.000 par an actuellement, parmi lesquels plus des deux tiers sont des jeunes.

Des livres, brochures et documents sur la Résistance et la Déportation sont proposés à la vente par la Commission exécutive du Struthof qui a pour missions essentielles de surveiller les lieux et de perpétuer le souvenir des Déportés et la Mémoire de la Déportation.

Et maintenant?

57 ans après la libération des camps de concentration nazis et la date historique du 8 Mai 1945, certains esprits se sont demandés s'il y avait lieu de conserver et d'entretenir le site du «Struthof».

La réponse est claire; elle émane aussi bien d'ailleurs des survivants regroupés dans leurs organisation que du gouvernement de la République française.

Il y a longtemps que nos camarades déportés au Struthof ont lancé l'idée de créer un Centre européen sur le

des deportierten Widerstandskämpfers im KZ-System der Nazis an dem Ort zu schaffen, wo so viele Verbrechen geschahen. Die Exekutivkommission, die in ihrer Mehrheit aus ehemaligen Deportierten besteht, hatte an dieser Idee festgehalten, die jedoch ohne Ergebnis blieb.

Nach 1997 hat die Regierung dieses Projekt wieder aufgegriffen und versprochen, im Struthof ein Museum des Gedenkens zu planen.

Das erforderliche und komplizierte Verwaltungsverfahren erklärt, warum vier Jahre nötig waren, um einen Architekten mit dem Projekt zu beauftragen.

Die Arbeiten sollen im Herbst 2002 beginnen und 2004 enden.

Welche Überlegungen stecken hinter dem Projekt?

Es geht darum, ein großes europäisches Zentrum des Gedenkens und des Mahnens für das dritte Jahrtausend zu schaffen, im Geist der Wachsamkeit gegenüber allen Totalitarismen und in der absoluten Achtung der Trümmer der KZ-Vergangenheit.

Es geht auch darum, dem aufrechten Menschen eine Ehre zu erweisen, demjenigen, der die Unterjochung ablehnt, und dem Kampf des deportierten Résistants. Daher der Name „Europäisches Zentrum des deportierten Widerstandskämpfers im Nazi-Konzentrationslagersystem".

Dieses Projekt umfasst vier Stränge:
– die Verwendung des „Kartoffelkellers" oberhalb des Lagers; dieser wurde 1943 von den Häftlingen unter den Schlägen der Kapos und der SS gegraben
– ein Bürgerraum zur Mahnung, der den Deportierten der ganzen Welt, den Freiheitskämpfern und den Kämpfern für die Wachsamkeit die Stimme verleiht
– ein Museum, das ausschließlich der Geschichte des Struthof und der inhaftierten Deportierten aller Nationalitäten gewidmet ist
– Wege des Gedenkens, sowohl in Frankreich wie in Deutschland, wo sich zahlreiche Außenkommandos des Lagers Struthof befanden.

système concentrationnaire nazi sur les lieux où tant de crimes avaient été perpétrés. La Commission exécutive, composée en sa majorité d'anciens déportés, avait retenu cette idée qui était demeurée toutefois sans suite.

Après 1997, le gouvernement a réouvert le dossier en s'engageant à concevoir au Struthof un musée mémorial.

La procédure administrative nécessaire et complexe explique qu'il ait fallu quatre ans pour désigner un architecte.

Les travaux devraient débuter en automne 2002 et s'achever en 2004.

Quelle est la philosophie du projet?

Installer au Struthof un grand centre européen de mémoire et de mise en garde pour le troisième millénaire dans un esprit de vigilance envers tous les totalitarismes et dans le respect absolu des vestiges de son passé concentrationnaire.

Rendre hommage à l'Homme-debout, à celui qui refuse l'asservissement, au combat du Résistant Déporté.

D'où sa dénomination de «Centre européen du Résistant Déporté dans le système concentrationnaire nazi».

Ce projet comporte quatre axes:
– utilisation de la cave à pommes de terre creusée en 1943 en amont du camp par les détenus sous les coups des Kapos et des SS
– un espace-citoyen et de mise en garde qui restitue la parole des déportés du monde entier, combattants de la liberté et de la vigilance
– un musée exclusivement consacré à l'histoire du Struthof et des déportés de toutes les nationalités qui y ont été détenus
– des routes de la mémoire, tant en France qu'en Allemagne, où se situaient de nombreux «kommandos extérieurs» rattachés au camp du Struthof.

Entsprechend dem Wunsch der Deportierten werden bezüglich der jetzigen Struktur und des Erscheinungsbildes des Lagers keine Änderungen vorgenommen.

Die nationale Exekutivkommission des Struthof, die sich mehrheitlich aus ehemaligen Häftlingen zusammensetzt, wird um Rat bezüglich des Fortschreitens des Verfahrens und der Durchführung der Bauarbeiten gefragt, ob es sich um die Architektur oder um die Gestaltung der jetzigen und künftigen Gebäude handelt. Außerdem wurde ein aus Historikern und Museumsexperten bestehender wissenschaftlicher Beirat vom Staatssekretär für Verteidigung eingesetzt – dieser ist Beauftragter der ehemaligen Kämpfer und Bauherr dieses großen Projekts.

Unabhängig von dieser Gedenkstätte der Deportation auf dem Standort des Nazi-Konzentrationslagers Struthof, dessen Bauausführung bald beginnen wird, wurden ganz andere Betrachtungen von der früheren Regierung angestellt. Es geht darum, durch den Bau des Memorials die geeignetsten Wege zu finden, um die Öffentlichkeit mit den Besonderheiten des Elsass und der Mosel bekannt zu machen, die seit 1871 mit den Wechselfällen der Geschichte dieser beiden französischen Departements verbunden sind, insbesondere die Ereignisse des Zweiten Weltkriegs (Germanisierung, Zwangsrekrutierung für die Wehrmacht der über 18 Jahre alten Männer, die als „Volksdeutsche" betrachtet und an die russische Front geschickt wurden).

Die Behörden der Departements haben entschieden, dieses Memorial in Schirmeck zu errichten. Auf dem Gelände der vom Struthof 10 Kilometer entfernten Gemeinde hatten die Nazis bereits ab 1940 ein Umschulungslager gegründet, in dem Elsässer und Elsässerinnen interniert wurden; diesen waren ihr freundliches Verhalten gegenüber dem nationalsozialistischen Regime und frankophile Gefühle vorgeworfen worden.

Sie wurden oft von der Gerichtsbarkeit in Straßburg verurteilt und büßten einen Teil ihrer Strafe im Schirmeck-Lager ab.

Diese Gedenkstätte, deren Bau von den Gemeinden von Elsass-Mosel aktiv unterstützt wird, ist wichtig und

Aucune modification ne sera apportée, conformément au vœu des déportés, à la structure proprement dite et à l'aspect général du camp.

Outre la Commission nationale exécutive du Struthof, majoritairement composée d'anciens détenus, consultée pour donner son avis au fur et à mesure de l'avancement de la procédure et de la prochaine exécution des travaux, qu'il s'agisse de l'architecture et du contenu des bâtiments actuels et futurs, un conseil scientifique a été mis en place par le secrétaire d'État à la défense chargé des Anciens Combattants, maître d'ouvrage de ce grand projet. Il comprend des historiens et des experts en muséographie.

Indépendamment de cet «Historial» de la Déportation sur le site du camp de concentration nazi du Struthof, dont la réalisation commencera prochainement, une réflexion d'une toute autre essence a été également introduite et menée par le précédent gouvernement. Elle consiste à trouver – à travers la construction d'un Mémorial – les moyens les plus appropriés pour faire connaître du public les particularités d'Alsace et de Moselle liées depuis 1871 aux vicissitudes de l'histoire de ces deux départements français, notamment les événements de la 2ème guerre mondiale (germanisation, incorporation de force dans la Wehrmacht des hommes âgés de plus de 18 ans considérés comme «Volksdeutsche» et envoyés sur le front russe).

Les autorités départementales ont choisi de réaliser ce mémorial à Schirmeck. Sur le territoire de cette commune, distante de dix kilomètres du Struthof, les nazis avaient dès 1940 créé un camp de rééducation (Umschulungslager) où étaient internés les Alsaciennes et Alsaciens auxquels était reproché leur comportement vis à vis du régime national-socialiste et leurs sentiments francophiles.

Souvent condamnés par une juridiction siégeant à Strasbourg, ils purgeaient toute ou partie de leur peine au camp du Schirmeck.

Ce mémorial dont la construction a le soutien actif des collectivités territoriales d'Alsace-Moselle, est important et nécessaire. Des historiens connaisseurs de cette période veilleront au sein d'un comité au respect de la vérité historique.

notwendig. Im Rahmen eines Komitees werden Experten dieser Epoche auf die Einhaltung der historischen Wahrheit achten.

Doch diese Gedenkstätte ist nicht vergleichbar mit der Gedenkstätte des Struthof; beide können weder parallel noch als zueinander komplementär behandelt werden. Jede hat ihren präzisen Aktionsradius und ihre Nützlichkeit für die Zukunft.

Zum Schluss möchte ich den Willen und die Entschlossenheit der verschiedenen Regierungen Frankreichs betonen, für die Aufrechterhaltung der Struthof-Stätte zu sorgen; sie haben dazu beigetragen, eine große Besucherzahl mit dem Struthof bekannt zu machen und das Gedenken unserer dort ermordeten Kameraden aller Nationalitäten zu ehren. Die Organisationen der Deportierten und der Familien derjenigen, die gestorben sind, wie auch die Mitglieder der nationalen Exekutivkommission, haben in diesem Sinn ihre Anstrengungen nicht gescheut.

Mehr als 60 Jahre nach dem Beginn dieser unvergleichlichen menschlichen Tragödie übernehmen Forscher und Historiker die Aufgaben der Zeugen und Akteure, indem sie sich ihrer schriftlichen Berichte bedienen und durch audio-visuelle Prozesse.

Das Wesentliche – und es obliegt den noch lebenden Häftlingen, darüber zu wachen – ist die unbeugsame Achtung vor der historischen Wahrheit. Und sei es nur, um die Äußerungen der Verleumder der Geschichte und anderer Nostalgiker der nationalsozialistischen Ideologie zum Scheitern zu bringen, die wir in der Résistance und in den Konzentrationslagern bekämpft haben.

Die Übermittlung dieses Gedenkens an die nachfolgenden Generationen ist von entscheidender Bedeutung für die Zukunft der Menschheit.

Das künftige europäische Zentrum im Struthof macht uns Mut und wird zur Erreichung unserer Ziele beitragen.

Pour autant, il ne ressemble et ne peut être assimilé à l'historial du Struthof; ces deux réalisations ne sauraient ni être mises en parallèle ni traitées comme complémentaires l'une de l'autre.

Chacune a sa sphère d'activités bien précise et son utilité pour l'avenir.

En conclusion, je voudrais affirmer la volonté et la détermination des gouvernements successifs de la France de veiller en permanence à la conservation du site du Struthof, de contribuer à le faire connaître du plus grand nombre de visiteurs et d'honorer la mémoire de nos camarades de toutes nationalités qui y furent assassinés. Les organisations de déportés et des familles de ceux qui sont morts, tout comme les membres de la Commission nationale exécutive n'ont pas ménagé leurs efforts en ce sens.

Plus de 60 ans après le début de cette tragédie humaine incomparable, les chercheurs et les historiens prennent le relais des témoins et des acteurs en se servant de leurs témoignages conservés par écrit et par les procédés audiovisuels.

L'essentiel – et il appartient aux détenus encore en vie d'y veiller – est que soit respectée avec intransigeance la vérité historique, ne serait-ce que pour faire échec aux propos encore tenus par les négationnistes de l'histoire et autres nostalgiques de l'idéologie national-socialiste que nous avons combattu dans la Résistance et dans les camps de concentration.

La transmission de cette mémoire aux générations qui nous succèdent est d'une importance capitale pour l'avenir de l'humanité.

Le Centre européen qui va se réaliser au «Struthof» nous rassure; il contribuera à ce que nos objectifs soient atteints.

François Amoudruz, Ehemaliger politischer Deportierter, Offizier der Ehrenlegion, Medaille der Résistance, Mai 2002.

François Amoudruz, Ancien Déporté Politique, Officier de la Légion d'Honneur, Médaille de la Résistance, mai 2002

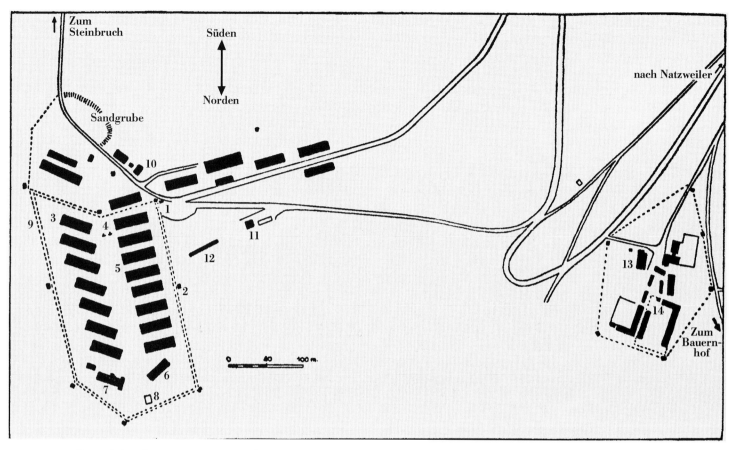

Grundriss des Konzentrationslagers Natzweiler-Struthof

1. Haupteingang des Lagers; 2. Umzäunung und Wachtürme; 3. Küche; 4. Galgen; 5. Baracken; 6. Zellen; 7. Krematorium; 8. Leichengrube; 9. Todesgraben; 10. Wachhäuser; 11. Vila des Kommandanten, Schwimmbad; 12. Hundezwinger; 13. Gaskammer; 14. Werkstätten, Garagen

(Angefertigt in Straßburg von Bertrand Monnet, Chefarchitekt der Monuments Historiques, 10. Oktober 1955.)

Plan du camp de concentration Natzweiler-Struthof

1. entrée principale du camp; 2. réseau barbelés extérieurs et miradors; 3. cuisines; 4. potence; 5. baraques; 6. cellules; 7. crématoire; 8. fosse aux cadavres; 9. ravins de la mort; 10. guérite de sentinelles; 11. villa du commandant, piscine; 12. chenil; 13. chambre à gaz; 14. ateliers, garages

(Fait le 10 octobre 1955 à Strasbourg, par Bertrand Monnet, architecte en chef des Monuments historiques.)

Blicke gegen das Vergessen

Augen-Blicke des Fotografen

Regards au-delà de l'oubli

Regards de l'instant

Bahnhof Rothau im Breuschtal.
Hier begann der Leidensweg für die Häftlinge
auf den Struthof, auch „Berg des Grauens" genannt.

La gare de Rothau dans la Vallée de la Bruche.
C'est là que le chemin de croix des détenus au Struthof
commençait, appelé aussi la «montagne des horreurs».

In der Eingangshalle des Bahnhofs wird an die Zeit der Besetzung, an die Deportierten und an Kämpfer für die Freiheit erinnert.

Dans le hall de la gare, on commémore les années d'occupation, les déportés et les combattants pour la liberté.

Vom Bahnsteig aus ein Blick nach Westen.
In diese Richtung erfolgte auch die „Evakuierung"
des Lagers, bei der viele Häftlinge zu Tode kamen.

De la voie, le regard se dirige vers l'ouest.
C'est de cette direction que »l'évacuation« du camp eut
lieu, lors de laquelle de nombreux détenus moururent.

Die Skulptur oberhalb des Lagers, nach der Idee von Lucien Fenaux, symbolisiert die Flamme des Krematoriums, welche die Opfer im Tod vereint, und zugleich – weithin leuchtend über die Berge der Vogesen – die wiedergewonnene Freiheit.

La sculpture au-dessus du camp, d'après l'idée de Lucien Fenaux, symbolise la flamme du crématoire qui réunit les victimes dans la mort, et aussi, lumineuse au-dessus des Vosges, la liberté reconquise.

Skulptur an der Einfahrt zum Lager. *Sculpture à l'entrée du camp.*

Haupteingang des damaligen Konzentrationslagers Natzweiler-Struthof. Etwa 150.000 Besucher und Besucherinnen passieren jährlich durch einen Seiteneingang dieses Tor.

Entrée principale du camp de Natzweiler-Struthof. Environ 150.000 visiteurs et visiteuses passent chaque année à travers cette porte par une entrée latérale.

Modell des ehemaligen Lagers im Museum.
Oben rechte der Haupteingang.
Unten links das Krematorium.

Maquette de l'ancien camp dans le musée.
En haut à droite, l'entrée principale.
En bas à gauche le crématoire.

Der elektrische Stacheldrahtzaun vereitelte jeden Fluchtversuch.

La clôture de barbelés électrifiée condamnait toute tentative d'évasion à l'échec.

Der Galgen. *La potence.*

Ein Blick vom Lager ins Breuschtal in die Freiheit.
Das deutlich erkennbare Sanatorium wurde etwa um 1900
gebaut und während der Besetzung als Lazarett benutzt.

Vue du camp sur la vallée de la Bruche, vers la liberté.
La sanatorium clairement reconnaissable fut construit
vers 1900 et utilisé comme hôpital pendant l'occupation.

*Die Villa des Lagerkommandanten.
Eines der wenigen erhalten gebliebenen Gebäude,
unmittelbar neben dem Lager, Nähe Haupteingang.*

*La villa du commandant du camp.
L'un des rares bâtiments conservés près du camp
et de l'entrée principale.*

*Schwimmbad der Villa des Lagerkommandanten.
Hier führte der Weg zur Gaskammer beim Struthof vorbei.*

*Piscine de la villa du commandant du camp.
C'est par ici au Struthof que le chemin conduisait
à la chambre à gaz.*

In der Gefängnisbaracke. *Dans la baraque des détenus.*

In diese für Heizungskörper vorgesehene Öffnungen wurden Häftlinge eingesperrt.

C'est dans ces creux prévus pour l'emplacement des radiateurs que des détenus furent enfermés.

*Der Prügelbock,
eines der Folterinstrumente der SS.*

*Le chevalet de bastonnade,
l'un des instruments de torture des SS.*

Das Krematorium. *Le crématoire.*

Der Verbrennungsofen. *Le four crématoire.*

In unmittelbarer Nähe des Verbrennungsofens befand sich rechts in einem Raum die Genickschussanlage.

Tout près du four, dans une pièce sur la droite, se trouvait l'emplacement d'où on tirait dans la nuque.

An diesem Haken hinter dem Verbrennungsofen wurden Häftlinge erhängt.

Les détenus furent pendus à ces crochets derrière le four crématoire.

Im Eingangsbereich des Krematoriums wird an ermordete Häftlinge erinnert, auf der Tafel rechts an die Teilnehmer der Widerstandsgruppe „Alliance".

Dans l'entrée du crématoire, la plaque sur la droite commémore les membres du réseau «Alliance».

In diesem Raum wurden die pseudomedizinischen Menschenversuche unter Leitung von Prof. Hirt durchgeführt.

C'est dans cette pièce que les expérimentations médicales eurent lieu, sous la direction du Prof. Hirt.

Eingang zum Krematorium mit einer Einrichtung, die zum Abstransport verbrannter Leichenteile genutzt wurde.

L'entrée du crématoire. C'est là qu'on transportait les parties de corps carbonisés.

Dieses Hinweisschild befindet sich außerhalb des Lagers an der Straße, die nach Le Hohwald führt. Es erinnert an den Eingang zum Steinbruch.

Ce panneau indicateur se trouve en dehors du camp, sur la route menant au Hohwald. Il rappelle l'entrée de la carrière.

*Eine Straßen- und Planierwalze.
Von Häftlingen gezogen wurde sie beim
Straßenbau und im Steinbruch eingesetzt.*

Ce rouleau compresseur était tiré par les détenus et utilisé pour la construction de routes et dans la carrière.

*Auf dem Gelände des ehemaligen Steinbruchs.
Nur wenige Fundamente sind noch erhalten geblieben,
auf denen die Holzbaracken befestigt waren.*

*Sur le terrain de l'ancienne carrière.
Peu de fondements des baraques de bois
ont été conservés.*

Der Eingang zum Restaurant „Le Struthof".
Der Berggasthof wurde 1940 von der SS beschlagnahmt.
Von hier aus wurde mit dem Bau der Straßen
und des Lagers begonnen.

L'entrée du restaurant «Le Struthof». L'auberge fut
confisquée en 1940 par les SS. C'est à partir d'ici qu'on
a commencé à construire les routes et le camp.

Der Eingang zur Gaskammer in der die pseudomedizinischen Menschenversuche stattfanden. Das Gebäude wurde 1943 unmittelbar neben dem Struthof errichtet.

L'entrée de la chambre à gaz, dans laquelle les expériences pseudo-médicales furent effectuées. La bâtiment fut construit en 1943 juste à côté du Struthof.

Der eigentliche Friedhof des Lagers. Ort der Stille und des Trauerns. Die Tafeln erinnern an die Ermordeten, deren Asche in diese Grube geworfen wurde. Die Worte „Ossa humiliata" heißen wörtlich übersetzt „erniedrigtes Gebein" und verweisen auf den 51. Psalm Vers 10, wo es heißt: „Laß die Gebeine fröhlich werden, die Du zerschlagen hast."

Le vrai cimetière du camp. Lieu de silence et de deuil. Les plaques rappellent ceux qui ont été assassinés et dont les cendres ont été jetées dans cette fosse. Les mots «Ossa humiliata» signifient «ossements humiliés», se référant au psaume 51, vers 10: «Ils danseront, les os que tu broyais».

Zahlreiche Eintragungen in das Besucherbuch bekunden Anteilnahme mit den Opfern der Gewaltherrschaft sowie: Nie wieder Faschismus! Nie wieder Krieg!

De nombreuses inscriptions dans le livre d'or font preuve de la compassion avec les victimes de la dictature de la violence, manifestant un «Plus jamais de faschime! Plus jamais de guerre!»

Blick aus dem Lager auf einen Teil des Friedhofs.
Er wurde nach der Befreiung angelegt.
Auch viele französische Häftlinge, die in anderen
Konzentrationslagern ermordet wurden,
fanden hier ihre letzte Ruhestätte.

Vue du camp sur une partie du cimetière
qui fut installé après la libération.
De nombreux détenus français,
exterminés aussi dans d'autres camps de concentration,
y ont trouvé leur dernière demeure.

*Stacheldraht und Galgen.
Grausame Symbole nationalsozialistischer Gewaltherrschaft.
Zugleich eine Mahnung gegen Verdrängen und Vergessen.*

*Barbelés et potence:
Des symboles cruels de la dictature de la terreur nazie,
mais aussi un avertissement contre le refoulement et l'oubli.*

Anhang

Gedenkstätten und Sehenswürdigkeiten

Die Humanistenbibliothek in Sélestat

Für das Kultur- und Geistesleben hatte die Humanisten-Schule von Schlettstadt weit über das Elsass hinausgehend eine große Bedeutung. Mit der Stadt, deren mittelalterlicher Charakter noch heute intakt ist, verbinden sich Namen wie Beatus Rhenanus, Jakob Wimpfeling, Martin Bucer, Erasmus von Rotterdam. Dieser hat, bevor er nach Basel ging, in einem elegischen Gedicht die Stadt mit ihren „Helden der Wissenschaft" in großer Dankbarkeit gewürdigt.

In der Humanistenbibliothek in der ehemaligen Kornhalle, der ältesten Bibliothek des Elsass, kann man ihre unschätzbaren Werke aus unmittelbarer Nähe bestaunen.
Bibliothèque Humaniste, 67600 Sélestat,
Fon: 0033-388920324, Fax: 0033-388828064.
Es wird empfohlen, den Aufenthalt in Sélestat zu einem Besuch im Centre International d'Initiation aux Droits de l'Homme zu nutzen)1 rue Froehlich, 67600 Sélestat, Fon/Fax: 0033-388929472).

Der Heilige Berg Sainte-Odile

Nicht weit vom Struthof entfernt liegt das Kloster auf einem Berg, benannt nach der Heiligen Odilie, der Schutzpatronin des Elsass. Im 12. Jahrhundert entstand hier die Bilderhandschrift des „Hortus deliciarum" (Paradiesgarten), ein Werk mittelalterlicher Frauenbildung der Äbtissin Herrad von Landsberg. Über dem Eingangstor zum ehemaligen Kloster steht eine lateinische Inschrift: „Hier lebte einst Odilia, die Heilige. Und immerfort wacht sie als Mutter über ihr Land".

Annexe

Lieux de mémoire et sites historiques

La Bibliothèque Humaniste à Sélestat

L'importance de l'école humaniste de Sélestat pour la vie culturelle et intellectuelle dépasse le cadre de l'Alsace. Les noms de Beatus Rhenanus, Jakob Wimpfeling, Martin Bucer, Erasme de Rotterdam sont liés à la ville, dont le caractère moyen-âgeux est encore intact aujourd'hui. Avant d'aller à Bâle, Erasme, reconnaissant, a dans un poème élégique rendu hommage à la ville et ses «héros de sciences».

On peut encore admirer de près les œuvres inestimables de la Bibliothèque Humaniste, la plus ancienne bibliothèque d'Alsace, dans l'ancien Marché aux blés.
Bibliothèque Humaniste, 67600 Sélestat,
Fon: 03-88920324; Fax: 03-88828064
Pour un séjour à Sélestat, il est également recommandé de rendre visite au Centre International d'Initiation aux Droits de l'Homme, 1 rue Froehlich, 67600 Sélestat, Fon/Fax: 03-388929472.

Le Mont Sainte-Odile

Non loin du Struthof se trouve l'Abbaye sur la montagne au nom de Sainte-Odile, la patronne de l'Alsace. C'est au 12è siècle que l'abbesse et érudite Herrade de Landsberg a écrit et illustré sur ce lieu le «Hortus deliciarum» (le «Jardin des Délices»), un chef-d'œuvre de l'instruction des femmes au Moyen-Âge. Sur le portail de l'ancienne abbaye on peut lire une phrase en latin: «Odile la Sainte vivait jadis ici. Et elle veille toujours comme une mère sur son pays».

Bei gutem Wetter bietet sich ein herrlicher Blick über die Rheinebene bis zur Schwarzwaldkette, nach Straßburg und über die Mittelvogesen. Mont Sainte-Odile ist längst zu einer Empfehlung für Wanderlustige, als Unterkunft für einen preiswerten Elsassbesuch, für Einkehrtage und Studientagungen geworden. Zum Besuch des Odilienberges mit dem im 19. Jahrhundert renovierten Kloster sollte auch ein Abstieg zur wundertätigen Odilienquelle gehören, ebenso eine Wanderung zur so genannten Heidenmauer keltischen Ursprungs.

Hotellerie des Odilienberges, 67530 Ottrott,
Fon: 0033-388958053, Fax: 0033-388958296.

Le Hohwald

In diesem Erholungsort in den Vogesen, mit 120 km markierten Wanderwegen, steht am Ende des Dorfkerns in Richtung Col du Kreuzweg der Gedächtnisbrunnen für Dr. Haidi Hautval. Die Tochter des Pfarrers Philippe Haas-Hautval, der hier um 1900 die protestantische Waldkirche bauen ließ, wurde in Le Hohwald geboren, studierte in Straßburg Medizin und arbeitete danach als Kinderärztin in der Schweiz und in Südfrankreich. Sie wurde nach dem Einmarsch der deutschen Truppen verhaftet, als sie versuchte, jüdischen Familien zu helfen. In einem Lager bei Paris trug die gläubige Christin den gelben Stern, um gegen die Diskriminierung ihrer jüdischen Mithäftlinge zu protestieren. Im KZ Auschwitz und später auch im KZ Ravensbrück weigerte sie sich, als Häftlingsärztin an den pseudomedizinischen Menschenversuchen teilzunehmen. Selbst vom Tode bedroht, rettete sie das Leben vieler Leidensgefährten. Nach der Befreiung trat Dr. Haidi Hautval als Zeugin in Prozessen auf, schrieb ihre Notizen „Medizin und Verbrechen gegen die Menschlichkeit", die jedoch erst nach ihrem Tode veröffentlicht wurden.

In Israel wurde sie mit der Medaille der Gerechten ausgezeichnet – eine Auszeichnung, die sie aus Empörung zurückgab, als israelische Soldaten während des Libanonkonflikts tatenlos dem Massaker an Palästinensern im La-

Par beau temps, il y a une vue magnifique sur la plaine du Rhin jusqu'à la chaîne de la Forêt-Noire, vers Strasbourg et sur les Vosges centrales. Le Mont Sainte-Odile est bien connu et recommandé aux randonneurs et randonneuses en tant qu'auberge pour une visite à bon prix en Alsace, pour des journées de recueillement ou pour des séminaires. En-dehors du Mont Sainte-Odile et de son abbaye rénovée au 19è siècle, il est recommandé de descendre à la source miraculeuse Sainte-Odile et de marcher jusqu'au Mur païen d'origine celtique.

Hotellerie du Mont St Odile, 67530 Ottrott,
Fon: 03-88958053, Fax: 03-88958296.

Le Hohwald

Dans ce lieu de détente des Vosges avec 120 km de sentiers balisés, se trouve à la sortie du village direction Col du Kreuzweg, la fontaine du souvenir dédiée à Haidi Hautval. La fille du pasteur Philippe Haas-Hautval, qui fit construire vers 1900 l'Église protestante, est née au Hohwald, a fait des études de médecine à Strasbourg, puis a travaillé comme pédiatre en Suisse et dans le Sud de la France. Elle fut emprisonnée après l'entrée des troupes allemandes en France, alors qu'elle s'efforçait de porter aide à des familles juives. Pour protester contre les discriminations subies par ses co-détenus juifs, cette chrétienne convaincue portait l'étoile jaune dans un camp près de Paris. Dans les camps de concentration d'Auschwitz et puis de Ravensbrück, elle refusa en tant que médecin des détenus de participer aux expériences soi-disant médicales. Bien qu'elle fut elle-même en danger de mort, elle sauva la vie de nombreux compagnons et compagnes de douleur. Après la libération, le docteur Haidi Hauval témoigna dans des procès et écrivit ses notes «Médecine et crime contre l'Humanité» qui ne furent toutefois publiées qu'après sa mort.

En Israel, elle obtint la Médaille des Justes – une décoration qu'elle rendit d'ailleurs en signe de protestation, lorsque les soldats israéliens assistèrent sans mot dire au massacre des Palestiniens à Sabra et Chatila en 1982; une

ger Sabra und Shatila zusahen; ihr sind ein Stein und ein Baum in der Gedenkstätte Yad Vashem gewidmet. Im medizinischen Viertel Straßburgs ist eine Straße nach der Widerstandskämpferin benannt. Ab 1998 fanden in Le Hohwald mit Unterstützung des Bürgermeisters Hazemann wiederholt deutsch-französische Seminare zur Erinnerung an Dr. Haidi Hautval statt, wurden mehrmals Gedächtniswanderungen vom ehemaligen KZ Struthof nach Le Hohwald durchgeführt.

In Le Hohwald gibt es mehrere Hotels, Privatquartiere und einen Campingplatz. Zwei Objekte der Gemeinde stehen für Jugend- und Touristengruppen mit Selbstversorgung zur Verfügung.
Auskunft: Office de Tourisme, Square Kuntz,
Fon: 0033-388083392, Fax: 0033-388083205.
Außerhalb des Ortes, auf dem Col du Kreuzweg, befindet sich das Naturfreundehaus der Gruppe Neudorf bei Straßburg.

Der jüdische Friedhof in Rosenwiller

Der jüdische Friedhof in Rosenwiller, in ländlicher Stille und Abgeschiedenheit in der Nähe von Rosheim (hier befindet sich die St.-Peter-und-St.-Paulskirche, eines der schönsten Denkmäler romanischer Baukunst), gehört zu den ältesten und bemerkenswertesten Friedhöfen im Elsass.

Vermutlich liegt hier auch Josel von Rosheim begraben. Auf dem Friedhof gibt es eine Erinnerungstafel mit Namen der aus der Region deportierten und ermordeten Juden. Darunter sind allein 23 aus dem kleinen Ort Rosheim. 1905 hatte es in Rosheim noch 213 jüdische Einwohner gegeben. Es ist nicht belegt, ob Elsässer Juden auch im KZ-Lager Struthof umgebracht wurden. Der jüdische Schriftsteller Claude Vigée – 1921 als Claude Strauss in Bischwiller im Unterelsass geboren, 1940 ins innere Frankreich geflohen, aktiv in der Résistance, Exil in den USA und 1960 nach Jerusalem übergesiedelt – schrieb über die besondere Situation der Elsässer Juden: „Ich bin Elsässer Jude, also doppelt Elsässer und doppelt Jude." Er

pierre et un arbre lui sont dédiés dans le lieu commémoratif de Yad Vashem. A Strasbourg, dans le quartier médical, une route porte le nom de la résistante. Depuis 1998, et avec le soutien du maire M. Hazemann, des séminaires franco-allemands ont lieu au Hohwald à la mémoire de Haidi Hautval, ainsi que des marches pour le souvenir allant de l'ancien camp de concentration Struthof jusqu'au Hohwald.

Il y a plusieurs hôtels au Hohwald, des chambres d'hôtes et un camping. Deux hébergements de la commune sont à la disposition de groupes de jeunes et de touristes.
Renseignements: Office de Tourisme, Square Kuntz,
Fon: 03-88083392, Fax: 03-88083205.
En-dehors du village, sur le Col du Kreuzweg, se trouve la Maison des Amis de la Nature du groupe Neudorf près de Strasbourg.

Le cimetière juif de Rosenwiller

Le cimetière juif à Rosenwiller, situé dans un coin perdu et calme de la campagne près de Rosheim (avec l'Église Saint-Pierre-et-Saint-Paul, l'un des plus beaux bâtiments de l'art roman), est l'un des cimetières les plus anciens et plus remarquables d'Alsace. C'est sans doute ici que repose également Josel de Rosheim.

Il y a une plaque commémorative au cimetière avec les noms des juifs de la région déportés et assassinés. Parmi ceux-ci, 23 venant du petit village de Rosheim. En 1905 il y avait encore 213 habitants juifs. On ne sait si des juifs alsaciens ont été tués au Struthof. L'écrivain juif Claude Vigée, né Claude Strauss à Bischwiller dans le Bas-Rhin, résistant puis en exil aux Etats-Unis avant de déménager à Jérusalem en 1960 – a écrit sur la situation particulière des juifs d'Alsace: «Je suis Juif Alsacien, c'est-à-dire doublement Alsacien et doublement Juif.» Parce qu'Alsacien et Juif tout à la fois, il a compris qu'il est «sous la pression de deux forces: de ceux qui ne veulent pas reconnaître le judaïsme et de ceux qui ne veulent pas reconnaître l'identité alsacienne».

hat, weil er zugleich Elsässer und Jude ist, begriffen, dass er „unter dem Druck derjenigen steht, die das Judentum nicht anerkennen wollen, und unter dem Druck derjenigen, die das Elsässertum nicht anerkennen wollen".

Aus Frankreich wurden 75.727 Juden und 4.500 Nichtjuden – Kommunisten, Gewerkschafter oder Gaullisten – in die Vernichtungslager deportiert.

Pfarrer Oberlin in Waldersbach

Pfarrer Johann Friedrich Oberlin, am 31.8.1740 in Strassburg geboren, war 27 Jahre alt, als er freiwillig des Amt des Pfarrers in Waldersbach antrat. Er brachte dort nicht nur den armen Kindern das Lesen und Schreiben bei, er ging auch in die Familien, um die Eltern mit Lesen, Schreiben und Rechnen vertraut zu machen. Er vermittelte ihnen Kenntnisse in gesunder Lebensweise, Gartenbau, Kräuterkunde, Acker- und Wegebau sowie der Festigung der häufig fortgeschwemmten Äcker an den Hängen und galt deshalb als Pionier im „Tal des Elends".

Der bedeutende Pädagoge und Humanist („Warum müssen Menschen Menschen bekämpfen?") starb am 1.6.1826. Auf seinem Grab auf dem Friedhof in Waldersbach liest man: „Le Père Du Ban-De-La-Roche". Oberlin erinnert an einen weiteren Humanisten des Elsass, der sein Schüler hätte sein können: Albert Schweitzer.

In Waldersbach gibt es ein Museum, das an das Wirken Oberlins erinnert.

Es finden dort auch regelmäßig Seminare statt, die der Erarbeitung und Vermittlung des Wirkens Oberlins dienen.

En France, ce sont 75.727 juifs et 4.500 non-juifs – communistes, syndicalistes ou gaullistes – qui ont été déportés dans les camps d'extermination.

Le pasteur Oberlin à Waldersbach

Le pasteur Johann Friedrich Oberlin, né le 31.8.1740 à Strasbourg, avait 27 ans lorsqu'il devint pasteur à Waldersbach. Là, il n'apprenait pas seulement aux enfants défavorisés à lire et écrire; il allait aussi dans les familles pour initier les parents à la lecture, à l'écriture et au calcul. Il leur communiquait ses connaissances concernant un mode de vie sain, le jardinage et la construction de chemins, le renforcement des champs souvent emportés par les inondations sur les versants. Il passait pour un pionnier dans la «Vallée de la misère».

Ce pédagogue et humaniste important («Pourquoi les hommes combattent-ils les hommes?») est mort le 1er juin 1826. Sur la plaque commémorative du cimetière de Waldersbach on peut lire: «Le Père Du Ban-De-La-Roche». Le nom d'Oberlin évoque un autre humaniste en Alsace qui aurait pu être son disciple: Albert Schweitzer.

Il y a un Musée à Waldersbach qui rappelle l'œuvre d'Oberlin.

Des séminaires ont régulièrement lieu ici, dans le but d'étudier et de communiquer l'œuvre d'Oberlin.

Eine kleine Chronik

10. Mai 1940:	Beginn des deutschen Angriffs in Westeuropa.
14. Juni 1940:	Paris wird kampflos aufgegeben.
17./18 Juni 1940:	Die Wehrmacht erreicht Metz und Straßburg.
22. Juni 1940:	Waffenstillstandsabkommen. Okkupation des größten Teils Frankreichs.
2. August 1940:	Elsass, Lothringen und Luxemburg werden dem Deutschen Reich einverleibt.
August 1940:	In Schirmeck-Vorbruck wird ein „Sicherungslager" für „unliebsame Elemente", Gegner der Besatzung und Widerstandskämpfer eingerichtet.
September 1940:	SS-Offiziere, darunter Standartenführer Blumberg, besichtigen das Gelände um den Struthof, suchen nach Granit für die SS-Tarnfirma „Deutsche Erd- und Steinwerke GmbH" (DEST).
Ende 1940:	Mit der Planung und dem Bau des KZ-Lagers Natzweiler-Struthof wird begonnen.
17. April 1941:	Als erster Lagerkommandant wird Heinz Hüttig eingesetzt, der zuvor in Sachsenhausen war.
Mai 1941:	Reichsarbeitsdienstpflicht für Elsässer zwischen 17 und 25 Jahren.
1. Juni 1941:	Die Aufbauphase des Lagers ist abgeschlossen. Ernennung zum eigenständigen KZ-Lager. Zuvor war es ein Außenlager des KZ-Lagers Sachsenhausen.
Dezember 1941:	„Nacht-und-Nebel-Erlass" des Oberbefehlshabers der deutschen Wehrmacht, Generalfeldmarschall Keitel: „Schnelle Vernichtung von Regimegegnern ohne Hinterlassung von Spuren".
1. April 1942:	Egon Zill wird Lagerkommandant. In seiner Zeit beginnen die pseudomedizinischen Versuche.
Juli 1942:	Anordnung gegen die „unbefugte Abwanderung aus dem Elsass" und „Umsiedlung

Petite chronique

10 mai 1940:	Début de l'offensive nazie en Europe de l'ouest.
14 juin 1940:	Les troupes allemandes entrent dans Paris.
17 et 18 juin 1940:	La Wehrmacht atteint Metz et Strasbourg.
22 juin 1940:	Armistice et occupation de la plus grande partie de la France.
2 août 1940:	L'Alsace, la Lorraine et le Luxembourg sont incorporés au «Deutsches Reich».
Août 1940:	Un camp de «sécurité» est installé à Schirmeck-Vorbruck pour les «éléments indésirables», les adversaires de l'occupation et les résistants.
Septembre 1940:	Des officiers SS, dont le colonel Blumberg, visitent le terrain autour du Struthof, cherchant du granit pour l'entreprise «Deutsche Erd- und Steinwerke GmbH».
Fin 1940:	Début des plans et de la construction du camp de concentration Natzweiler-Struthof.
17 avril 1941:	Heinz Hüttig, qui revenait du KZ-Sachsenhausen, est le premier commandant du camp.
Mai 1941:	Travail obligatoire pour les Alsaciens âgés de 18 à 25 ans.
1er juin 1941:	La construction du camp est terminée. Celui-ci est déclaré camp de concentration indépendant – jusqu'alors, c'était un camp extérieur du KZ-Sachsenhausen.
Décembre 1941:	Décret «Nuit et brouillard» (NN) du chef du commandement de la Wehrmacht, le maréchal Keitel: "Extermination rapide des opposants au régime sans laisser de traces».
1er avril 1942:	Egon Zill devient commandant du camp. C'est à cette date que commencent les expérimentations médicales.
Juillet 1942:	Décret contre l'émigration en provenance d'Alsace et déplacement des Alsaciens

	von rassisch wertvollen Elsässern in das Reichsgebiet".			«dont la race a de la valeur» dans le Reich.
August 1942:	Zwangsrekrutierung junger Elsässer. Gelungene Flucht von fünf Häftlingen. Das Lager wird zum „Einweisungslager" erklärt. Es können auch Häftlinge inhaftiert werden, die vorher nicht in einem anderen KZ-Lager waren.		Août 1942:	Incorporation forcée des jeunes Alsaciens dans la Wehrmacht Fuite de cinq détenus Les détenus qui ne sont pas en provenance d'autres KZ peuvent être emprisonnés dans le camp.
Januar 1943:	Die Zahl der Häftlinge erhöht sich auf 1.500.		Janvier 1943:	Le nombre de détenus atteint 1.500.
April 1943:	Die Gaskammer neben dem Struthof wird in Betrieb genommen.		Avril 1943:	La chambre à gaz est mise en fonction.
Juli 1943:	Es treffen die ersten „NN-Häftlinge" aus Norwegen, Frankreich, Holland, Belgien und Luxemburg ein.		Juillet 1943:	Les premiers détenus NN arrivent de Norvège, France, Hollande, Belgique et du Luxembourg.
August 1943:	Vergasung von ca. 70 jüdischen Frauen und Männern für Hirts Skelettsammlung.		Août 1943:	70 femmes et hommes juifs sont gazés pour la collection de squelettes de Hirt.
Sommer 1943:	Im Steinbruch werden Baracken aufgebaut, in denen Häftlinge für die Rüstung (Junkers-Werke) arbeiten müssen. Der Granitabbau wird reduziert.		Été 1943:	Des baraquements sont construits dans la carrière; des détenus y travaillent pour l'armement (Junkers-Werke). L'exploitation de granit est réduite.
24. Sept. 1943:	Anordnung des Reichssicherheitshauptamtes, dass alle „NN-Häftlinge" „germanischer" Abstammung in das KZ Natzweiler einzuliefern sind.		24 septembre 1943:	Décret des autorités pour «la sécurité du Reich», selon lequel tous les détenus NN de souche germanique doivent être livrés au KZ-Natzweiler.
Oktober 1943:	Fertigstellung des Krematoriums. Egon Zill wird in das KZ-Lager Flossenburg versetzt. Josef Kramer wird neuer Lagerkommandant.		Octobre 1943:	L'installation du four crématoire est terminée. Egon Zill est muté au KZ-Flossenburg. Josef Kramer est le nouveau commandant du camp.
März 1944:	Eröffnung mehrerer Nebenlager bis zum Herbst des Jahres, vor allem in Baden und in Württemberg.		Mars 1944:	Ouverture de plusieurs camps annexes jusqu'à l'automne, en particulier dans la Bade et le Wurtemberg.
19. Mai 1944:	Sieben Luxemburger, drei Franzosen und ein Staatenloser werden zur Bestrafung in der „Kiesgrube" erschossen.		19 mai 1944:	Sept Luxembourgeois, trois Français et un «apatride» sont punis et fusillés dans la gravière.
Mai 1944:	Josef Kramer geht als Kommandant nach Auschwitz-Birkenau. Sein Nachfolger wird Friedrich Hartjenstein.		Mai 1944:	Josef Kramer devient commandant d'Auschwitz-Birkenau. Son successeur est Friedrich Hartjenstein.
13. Juni 1944:	Im Lager Struthof stirbt General Frère, ehemaliger Militärgouverneur von Straßburg.		13 juin 1944:	Le général Frère, ancien gouverneur militaire de Strasbourg, meurt au Struthof.
Juli 1944:	Zwei Engländerinnen und drei Französinnen, Angehörige der Résistance, werden		Juillet 1944:	Deux Anglaises et trois Françaises actives dans la Résistance sont arrêtées par la Ge-

	nach einer Fallschirmlandung von der Gestapo festgenommen und an diesem Tag im Lager erschossen. Vergasung von 30 jüdischen Frauen und Männern.
31. August 1944:	Beginn der „Evakuierung". 2.000 Häftlinge auf dem Wege zum Bahnhof Rothau.
1. September 1944:	Beginn der Ermordung von mehr als hundert Mitgliedern der Widerstandsorganisation „Alliance".
September 1944:	In dem Lager, ursprünglich für 1.500 Häftlinge geplant, sind zwischen 7.000 und 8.000 inhaftiert (ohne Außenlager). Auflösung des Struthof-Lagers und „Evakuierung" der Häftlinge in das KZ Dachau. Die Kommandantur wird nach Guttenbach/Baden verlegt.
Oktober 1944:	In den Nebenlagern des KZ Struthof befinden sich 18.907 Häftlinge. Bis zum Jahresende sind es über 22.000.
23. Nov. 1944:	Befreiung von Straßburg.
24. Nov. 1944:	Amerikanische Truppen erreichen das geräumte Hauptlager Natzweiler-Struthof.
Januar 1945:	Die Zahl der Nebenlager ist sprunghaft auf 70 angestiegen.
20. Februar 1945:	Die Lagerkommandantur übermittelt den Außenkommandos den Befehl, die Leichen der Häftlinge „an einer abgelegenen Stelle" der örtlichen Friedhöfe zu begraben.
März 1945:	In den Nebenlagern und Außenkommandos wird mit der „Evakuierung" in das KZ Dachau begonnen. Viele Häftlinge kommen bei den Todesmärschen ums Leben.
12. Dez. 1945:	Der Lagerkommandant Josef Kräamer wird hingerichtet. Er war von einem britischen Militärgericht im Bergen-Belsen-Prozess zum Tode durch den Strang verurteilt worden.

	stapo après un parachutage et fusillées au camp le jour même. 30 femmes et hommes juifs sont gazés.
31 août 1944:	Début de l'évacuation. 2.000 détenus sur le chemin de la gare de Rothau
1er sept. 1944:	Assassinat de plus de cent agents du réseau de résistance «Alliance».
Septembre 1944:	Le camp, à l'origine prévu pour 1.500 détenus, en compte entre 7.000 et 8.000 (les camps extérieurs non compris). Dissolution du camp du Struthof et «évacuation» des détenus vers le KZ de Dachau. La Kommandantur est transférée à Guttenbach/ Baden.
Octobre 1944:	Il y a 18.907 détenus dans les camps annexes du KZ Struthof. À la fin de l'année, ils sont 22.000.
23 nov. 1944:	Libération de Strasbourg.
24 nov. 1944:	Les troupes américaines atteignent le camp évacué du Struthof.
Janvier 1945:	Le nombre des camps annexes augmente rapidement, atteignant 70.
20 février 1945:	La Kommandantur du camp donne l'ordre aux commandos extérieurs d'enterrer les cadavres des détenus dans un «endroit retiré» des cimetières locaux.
Mars 1945:	Dans les camps annexes et extérieurs, l'évacuation vers Dachau commence.
12 déc. 1945:	Le commandant du camp Josef Kramer est exécuté. Il avait été condamné à mort par pendaison par un Tribunal militaire britannique dans le procès de Bergen-Belsen.

Praktische Hinweise

Öffnungszeiten
Struthof-Natzweiler, Auskunft: 0033 (0)3 88 76 78 99
März–Juni: 10–12 und 14–17.30 Uhr
15. Juni–15. Sept.: 10–18 Uhr
16. Sept.–24 Dez.: 10–12 und 14–17 Uhr
Gruppenführungen (französisch): 0033-388-970449

Filme
- *Das Struthof-Lager*
  Regie: Alain Jomy, Monique Seemann
  Dokumentarfilm, 52 min 5.5.1995/ 1998
  Französisch.
  Dieser Film enthält Augenzeugenberichte. Die Dorfbewohner der Gegend, die Postfrau, der Eisenbahnangestellte, berichten über das, was sie wussten, und wie diese Vergangenheit auf dem kollektiven Gedächtnis lastet. Der Film versammelt vor allem Augenzeugenberichte von einem Dutzend Struthof-Deportierter. Diese kamen aus allen europäischen Ländern. 50 Jahre danach sind sie aus Triest, Bordeaux, Paris, Oslo und aus Deutschland gekommen.
  Carmin Film France 3

- *Die dunkle Verführung des Faschismus*
  Ein Film von C. Löwenstein über und mit Tomi Ungerer.
  In französischer und englischer Sprache.
  Der Dokumentarfilm versucht zu erklären, wie und warum sich Menschen von der barbarischen Ideologie des Faschismus haben mitreißen lassen. Zentrale Figur dieses Films ist der Elsässer Tomi Ungerer, der die Zeit der deutschen Besatzung als Kind in Straßburg miterlebte.
  Landesbildstelle Baden, Moltkestr. 64, 76133 Karlsruhe

Renseignements pratiques

Heures d'ouverture
Struthof-Natzwiller. Renseignements: 03 88 76 78 99
Mars–juin: 10h–12h et 14h–17h30
15 juin–15 september: 10h–18h
16 septembre–24 décembre: 10h–12h et 14h–17h
Visites guidées en français: 03 88 97 04 49

Films
- *Le camp de Struthof*
  Auteur/Réalisateur: Alain Jomy, Monique Seemann
  Documentaire, 52 min, 5.5. 1995/ 1998
  Ce documentaire est un film de témoignages. Les habitants des villages alentour, la postière, l'employé du chemin de fer racontent ce qu'ils savaient et combien ce passé pèse sur la mémoire collective. Un film qui réunit les témoignages d'une douzaine de déportés du camp de Natzweiler-Struthof. Ils étaient originaires de tous les pays d'Europe. 50 ans après, ils sont revenus de Trieste, de Bordeaux, de Paris, d'Oslo, d'Allemagne.
  Carmin Film France 3

- *La sombre séduction du Fascisme*
  Film documentaire de C. Löwenstein avec et sur Tomi Ungerer
  Versions française et anglaise avec sous-titres français.
  Ce film essaie d'expliquer pourquoi et comment les gens ont pu se laisser séduire par l'idéologie barbare du fascisme.
  Le personnage principal du film est l'Alsacien Tomi Ungerer qui, enfant, a vécu l'occupation à Strasbourg.
  Landesbildstelle Baden, Moltke Strasse 64, 76133 Karlsruhe

– *1940–1945: Elsässischer Widerstand, vom Südwesten bis nach Elsass. Wege der Résistance.*
Regie: Monique Seeman/Alain Jomy, 53 min, 1998.
Französisch.
Bereits 1940 haben sich elsässische Widerstände organisiert. Menschen, die in Orbey oder Rothau Fluchthilfe organisierten, Maquisards im Limousin, Périgord oder in den Alpen, in Schulen in Solignac (Haute-Vienne), ohne die Netzwerke Adam, Welschinger, Wodli zu vergessen: Sie haben sich an der Résistance beteiligt und aktiven Anteil an der Befreiung gehabt. Viele wurden erschossen oder in die Konzentrationslager Struthof, Dachau und Mauthausen deportiert. Die Überlebenden berichten über ihre Erlebnisse, zeichnen außerordentliches Leiden nach. Dieser Dokumentarfilm gibt Frauen und Männern das Wort, die noch nicht die Gelegenheit hatten, Zeugnis abzulegen.
Vidéothèque – Maison de l'image, Strasbourg, Nr. 493.

– *Reise gegen das Vergessen – Frankreich*
Typ 42, 19 mm, Produzent: FWU 1987
In deutsch.
Der Film dokumentiert die Reise von zwei 11. und 12. Schulklassen aus Rheinland-Pfalz zur KZ-Gedenkstätte Natzweiler/Struthof in Elsass.
Stadt Köln, Medienliste

– *Paragraph 175*
Regie: Rob Epstein und Jeffrey Friedmann
USA 1999, 81 Min.
Fünf Homosexuellen-Verfolgte des Naziregimes berichten von ihren Erlebnissen und Leiden zwischen 1933 und 1945. Unter ihnen Pierre Seel, der in den Konzentrationslagern Schirmeck und Struthof gefangengehalten war.
Schule-Filmtage Bielefeld 2000

– *1940–1945: Les résistances alsaciennes: du Sud-Ouest à l'Alsace, itinéraires de résistances.*
Auteurs: Monique Seeman, Alain Jomy,
Documentaire, 52 min, 1998.
Dès 1940, en Alsace et dans le Sud-Ouest, les résistances alsaciennes se sont organisées. Passeurs à Orbey, à Rothau, maquisards dans le Limousin, en Périgord, dans les Alpes, élèves instituteurs à Solignac dans la Haute-Vienne, sans oublier les réseaux Adam, Welschinger, Wodli, tous ont participé à la Résistance et pris une part active à la Libération de l'Alsace. Beaucoup ont été fusillés ou envoyés dans les camps de concentration au Struthof, à Dachau, à Mauthausen. Les survivants évoquent aujourd'hui leur aventure et retracent une épreuve hors du commun. Ce film donne la parole à des hommes et des femmes qui n'avaient pas encore eu l'occasion de témoigner.
Vidéothèque – Maison de l'image Strasbourg, N°493.

– *Voyage contre l'oubli – France*
Typ 42, 19 mn, Production FWU, 1987.
En allemand
Le film raconte le voyage de deux classes scolaires terminales en provenance du Rhénanie-Palatinat au camp de Natzweiler/Struthof.
Ville de Cologne Medienliste

– *Paragraphe 175*
Regie: Rob Epstein und Jeffrey Friedmann
USA 1999, 81 Min.
Cinq homosexuels poursuivis par le régime nazi parlent de leurs expériences et de leurs souffrances entre 1933 et 1945. Parmi eux, Pierre Seel, détenu dans les camps de concentration de Schirmeck et du Struthof.
Film allemand montré à Bielefeld 2000 lors des journées scolaires du film.

Anmerkungen

1 Gelegentlich kommt es zur Verwechslung mit dem Lager Schirmeck-Vorbruck. Dieses war jedoch kein KZ-Lager, sondern ab 1940, nach der deutschen Besatzung, ein „Sicherungslager für unliebsame Elemente", Gegner der Besatzung und Widerstandskämpfer. Mehrere Häftlinge wurden später von dort in das KZ-Lager auf dem Struthof eingewiesen.
Schließlich dürfen auch Struthof und Stutthof nicht verwechselt werden. Bei letzterem handelt es sich um das im September 1939 geschaffene Zivilgefangenenlager, 37 km östlich von Danzig, das ab Januar 1942 ein KZ-Lager wurde.
2 Über die Zahl der inhaftierten Häftlinge im Haupt- und in den Nebenlagern und über die Zahl der Ermordeten gibt es verständlicherweise in mehreren Veröffentlichungen unterschiedliche Angaben. Auch bei den Nebenlagern und Außenkommandos wird in deutschen Publikationen die Anzahl meistens geringer angegeben, weil die Nebenlager und Außenkommandos in Elsass-Lothringen nicht berücksichtigt werden.
3 Im Kartoffelkeller gab es später eine Werkstatt für die Reparatur von Flugzeugmotoren.
4 Zit. in: Jürgen Ziegler, Mitten unter uns. Natzweiler-Struthof: Spuren eines Konzentrationslagers, Hamburg 1986, S. 28 f.
5 Zit. in: Alexander Mitscherlich/Fred Mielke, Das Diktat der Menschenverachtung. Eine Dokumentation, in: Der Nürnberger Ärzteprozess und seine Quellen, Heidelberg 1947, S. 95–97.
6 Ebd., S. 102–104.
7 Wir stützen uns bei der Angabe von Zahlen auf die Erklärungen des Internationalen Natzweiler-Struthof-Komitees, die wir dokumentiert haben.
8 Vgl. die Dokumentation der Bundeszentrale für Politische Bildung aus dem Jahre 1995. Auch über die Landeszentralen für Politische Bildung in Baden-Württemberg, Hessen und Rheinland-Pfalz ist es möglich, den aktuellen Stand der Nachforschungen über Nebenlager und Außenkommandos und die örtliche und regionale Gedenkstättenarbeit zu erfahren.
9 Zit. in: Jürgen Ziegler, Mitten unter uns, a.a.O.
10 Vgl. u.a.: Ernst Klee, Auschwitz, die NS-Medizin und ihre Opfer, Frankfurt/M. 1997; Le camp de concentration du Struthof. Konzentrationslager Natzweiler, Témoignages, Essor, Schirmeck 1998; Norbert Frei, Karrieren im Zwielicht. Hitlers Eliten nach 1945, Frankfurt/M. 2001; Jürgen Ziegler, a.a.O.
11 Interview von Christoph Nonnenmacher mit Günter Grass und Tomi Ungerer, zwei verschiedene Stimmen für den gleichen Kampf gegen Rassismus und Intoleranz, 12.10.2000. Vgl. auch Frankfurter Rundschau, „Ich bin ein gezeichneter Mensch", Interview von Jörn Jacob Rohwer, 24.3.2001.
12 „Wortwechsel. Fritz Frey im Gespräch mit Tomi Ungerer", Südwestfunk 25.11.2001.

Notes

1 Parfois, le camp est confondu avec celui de Schirmeck-Vorbruck. Celui-ci n'était pas un camp de concentration, mais, à partir de 1940 après l'occupation allemande, un camp de «sécurité pour les éléments indésirables», les adversaires de l'occupation et les résistants. Plusieurs détenus furent affectés de ce camp au Struthof.
Il ne faut pas non plus confondre le Struthof avec Stutthof. Ce dernier était depuis septembre 1939 un camp de prisonniers civils à 37km à l'est de Danzig avant de devenir un camp de concentration en janvier 1942.
2 Les chiffres concernant le nombre de détenus dans le camp central et les commandos extérieurs ainsi que le nombre de morts varient selon les publications.
3 Plus tard, un atelier de réparation de moteurs d'avions fut installé dans la cave de pommes de terre.
4 In: Jürgen Ziegler, Mitten unter uns. Natzweiler-Struthof: Spuren eines Konzentrationslagers, Hamburg 1986, pp. 28.
5 Cit. in: Alexander Mitscherlich/Fred Mielke, Das Diktat der Menschenverachtung. Eine Dokumentation, in: Der Nürnberger Ärzteprozess und seine Quellen, Heidelberg 1947, p. 95–96.
6 Extrait du Procès-verbal de l'interrogatoire devant le Tribunal militaire permanent de la 10ème région séant à Strasbourg, 26.7.1945, cit.in: Le camp de concentration du Struthof. Témoignages. Essor, Schirmeck 1998, pp. 317.
7 Nous reprenons les chiffres indiqués dans les déclarations du Comité international de Natzweiler-Struthof.
8 Voir la documentation de la Bundeszentrale für politische Bildung de 1995. Il est aussi possible d'obtenir des renseignements sur l'état actuel de la recherche concernant les camps annexes et extérieurs ainsi que sur le travail de mémoire local et régional: dans les Landeszentralen für Politische Bildung de Bade-Wurtemberg, de Hesse et de Rhénanie-Palatinat.
9 Cit. in: Jürgen Ziegler, Mitten unter uns, ebd.
10 Voir entre autres: Le camp de concentration du Struthof, Témoignages, op. cit.; Ernst Klee, Auschwitz, die NS-Medizin und ihre Opfer, Frankfurt/M., 1997; Norbert Frei, Karrieren im Zwielicht. Hitlers Eliten nach 1945, Francfort/M. 2002; Jürgen Ziegler, op.cit.
11 Interview de Christophe Nonnenmacher avec Günter Grass: Tomi Ungerer: deux voix différentes pour un égal combat contre le racisme et l'intolérance, 12.10.2000. Voir aussi le quotidien Franfurter Rundschau, «Ich bin ein gezeichneter Mensch», Interview avec Jörn Jacob Rohwer, 24.3.2001.
12 «Croisement de mots. Fritz Frey parle avec Tomi Ungerer», Südwestfunk 25.11.2001.

Literatur/Bibliographie

Sachbücher / Ouvrages de référence

Henry Allainmat, Auschwitz en France, La vérité sur le seul camp d'extermination nazi en France, Le Struthof, Paris 1974.

François Amoudruz, Le Struthof, Fédération Nationale des Déportés et Internés, Résistants et Patriotes (FNDIRP), Le Patriote résistant, 1995.

Bundeszentrale für politische Bildung (Hg.), Gedenkstätten für die Opfer des Nationalsozialismus. Eine Dokumentation, 2 Bde., 2. Aufl. Bonn 1995.

Enzyklopädie des Holocaust. Die Verfolgung und Ermordung der europäischen Juden, Bd. II.

François Goldschmitt, Elsässer und Lothringer in Dachau, Sarreguemines 1945.

Michael Grandt, Unternehmen „Wüste" – Hitlers letzte Hoffnung. Das NS-Ölschieferprogramm auf der schwäbischen Alb, Tübingen 2002.

Adélaide Hautval, Médecine et crime contre l'humanité, Actes Sud 1990; Medizin und Verbrechen gegen die Menschlichkeit. Erlebnisbericht, 1991.

Heimatgeschichtlicher Wegweiser zu Stätten des Widerstandes und Verfolgung 1933–1945, Bd. 5, Baden-Württemberg I, Frankfurt/M. 1991.

Albert Hornung, Le Struthof, Camp de la mort, Paris 1945.

Ernst Klee, Auschwitz, die NS-Medizin und ihre Opfer, Frankfurt/M. 1997.

Eugen Kogon, Der SS-Staat, Berlin 1947.

Rita Kramer/Michael Joseph, Flames in the Field, The story of four S.O.E. agents in occupied France, London 1995.

K.Z. Lager Natzweiler-Struthof, zusammengestellt vom Comité National pour l'érection et da conservation d'un mémorial de la déportation au Struthof, aus dem Französ. von Barbara Faust, Nancy 1966.

Landeszentrale für politische Bildung, Auf dem Weg zu einer Geschichte des Konzentrationslagers Natzweiler, Forschungsstand, Quellen, Methoden, Fachreferat Gedenkstättenarbeit Baden-Württemberg, Stuttgart 2000.

Landeszentrale für politische Bildung in Baden-Württemberg (Hg.), Gedenkstätten in Baden-Württemberg, Stuttgart 1998.

Le camp de concentration du Struthof, Konzentrationslager Natzweiler, Témoignages, Collection Documents, Essor, Schirmeck 1998.

Jean Léger, Petite chronique de l'horreur ordinaire, ANACR-Yonne 1998.

Fritz Lettow, Arzt in den Höllen – Aufzeichnungen aus vier Lagern, mit einem Vorwort von Gerhard Leo, edition ost, Leipzig 1997.

Roger Leroy, Roger Linet, Max Nevers, 1943–1945. La résistance en enfer, Paris 1991.

Roger Linet, La traversée de la tourmente, Paris 1990.

Magistrat der Stadt Mörfelden-Walldorf (Hg.), Nichts und niemand wird vergessen. Zur Geschichte des KZ-Außenlagers Natzweiler-Struthof in Walldorf, Mörfelden-Walldorf 1996.

Eugène Marlot, L'enfer d'Alsace, Un guide-témoignage sur le Struthof-Natzwiller, Le matricule 6149, Beaune 1985.

Alexander Mitscherlich/Fred Mielke, Das Diktat der Menschenverachtung. Eine Dokumentation, in: Der Nürnberger Ärzteprozess und seine Quellen, Heidelberg 1947.

Kristian Ottosen, Nuit et Brouillard. Histoire des prisonniers du camp Nazwiller-Struthof, (Oslo 1989), Bruxelles 1994.

Denis Peschanski, La France des camps 1938–1946, Paris 2002.

Thierry Peyrard, Montée au Struthof, Notes, éd. Le temps du non, Paris 2002.

Julius Schätzle, Stationen zur Hölle. Konzentrationslager in Baden und Württemberg 1933–1945, Frankfurt/M., 1980.

Herwart Vorländer (Hg.), Nationalsozialistische Konzentrationslager im Dienst der totalen Kriegsführung. 7 württembergische Außenkommandos des Konzentrationslagers Natzweiler/Elsaß, Stuttgart 1978.

Martin Weinmann (Hg.), Das nationalsozialistische Lagersystem, Frankfurt/M. 1990.

Jürgen Ziegler, Mitten unter uns, Natzweiler-Struthof: Spuren eines Konzentrationslagers, Hamburg 1986.

Belletristik/Kunst – Littérature/Livres d'art

Georg Büchner, Lenz, München 1972; traduit de l'allemand par Lou Bruder, Éditions Payot et Rivages, Paris 1998.

Judy Chicago, with photography by Donald Woodman, Holocaust Project. From Darkness into light, Viking Penguin and Penguin Groups, New York/London.

Roger Dale, Struthof, 100 vues de la liberté, Association Mitteleuropa/Roger Dale, bf éditions Strasbourg 1995.

Jean-Paul Klée, Poëmes de la noirceur de l'Occident. L'éboueur ébloui. L'i.n.n.o.m.m.a.b.l.e. Strasbourg 1998.

Léon Leloir, Je reviens de l'enfer, Ed. Du Rendez-vous, Paris 1945.

Jean-Paul Nozière, La chanson de Hannah, poche Nathan 1990.

Sylvie Reff, De Zopf, bf éditions Strasbourg 2000.

Bernhard Schlink, Der Vorleser, Zürich 1997.

Tomi Ungerer, Die Gedanken sind frei. Meine Kindheit im Elsaß, Zürich 1993.

Text- und Bildnachweis

Wir danken den Autoren, Autorinnen und den Verlagen für die Abdruckgenehmigung ihrer Texte, insbesondere:
Jean-Paul Klée, Jean Lemercier, Sylvie Reff, Germain Lutz, Roger Linet.
Jean Simon für die Abbildungen auf S. 9 und 10, entnommen aus dem Buch: Le camp de concentration du Struthof, Konzentrationslager Natzweiler, Témoignages, Collection Documents, Essor, Schirmeck 1998.
Jean Mellinger für den text von Albert Hornung auf S. 47.
Judy Chicago für die Abdruckgenehmigung auf S. 77.
Roger Dale für die Bilder auf S. 78/79.
dem Diogenes-Verlag und der edition ost für die Abdruckgenehmigungen auf den Seiten 56 ff.

Verlag und Autoren haben alle Rechtsinhaber sorgfältig recherchiert. Falls Rechtsinhaber nicht ausfindig gemacht werden konnten, bitten wir um Kontaktaufnahme.

Übersetzungen
Aus dem Französischen ins Deutsche:
Florence Hervé: Jean-Paul Klée, Michel Lemercier, Léon Leloir, Albert Hornung, Germain Lutz, Roger Linet, François Amoudruz.
Hermann Unterhinninghofen: Adélaide Hautval

Aus dem Deutschen ins Französische:
Florence Hervé: die gesamten Texte, wenn diese nicht anders gekennzeichnet sind.
Bernhard Lortholan: Bernhard Schlink, Le liseur
Lou Bruder: Georg Büchner, Lenz

Textes et crédits photographiques

Nous remercions les auteurs et les éditions pour l'autorisation de publier leurs textes, et en particulier:
Jean-Paul Klée, Jean Lemercier, Sylvie Reff, Germain Lutz, Roger Linet.
Jean Simon pour les reproductions, pages 9 et 10, extraites du livre: -Le camp de concentration du Struthof, Konzentrationslager Natzweiler, Témoignages, Collection Documents, Essor, Schirmeck 1998.
Jean Mellinger pour le texte de Albert Hornung, page 47.
Judy Chicago pour l'autorisation de publier une reproduction de son tableau, page 77
Roger Dale pour les vues de la liberté, pages 78/79.
Les éditions Diogenes et Ost pour l'autorisation de publier les textes pp. 56.

Traductions
D'allemand en français
Florence Hervé: tous les textes dont la traduction n'est pas mentionnée explicitement.
Bernhard Lortholan: Bernhard Schlink, Le liseur
Lou Bruder: Georg Büchner, Lenz.

Du français en allemand:
Florence Hervé: les textes de Jean-Paul Klée, Léon Leloir, Albert Hornung, Germain Lutz, Roger Linet, François Amoudruz
Hermann Unterhinninghofen: Adélaide Hautval

Biographisches

Hans Adamo, 1931 in Duisburg geboren. Historiker und Journalist. Lebt in der Nähe von Straßburg. Mitarbeit in deutschen und französischen Organisationen und Initiativen, die sich mit Faschismus, Deportation und Widerstand befassen.
Regelmäßige Führungen im Lager Struthof.

Martin Graf, Jahrgang 1957; Studium Kommunikationsdesign/Foto-Design an der FH Darmstadt. Seit 1984 freier Fotograf und Journalist. Schwerpunkte: Reportage, Theater, Ballett.
Zahlreiche Einzelausstellungen, verschiedene Foto-Essays und Bildbände, darunter: „Oradour – Blicke gegen das Vergessen" (Klartext Verlag, 1995)

Florence Hervé, (*1944, Frankreich), Studium der Germanistik in Bonn, Heidelberg und Paris, Promotion; seit den 70er Jahren als Dozentin und Publizistin tätig. Schwerpunkte: Frauengeschichte, Freiheitsbewegungen. Zahlreiche Veröffentlichungen in Deutschland und Frankreich, darunter: „Oradour – Blicke gegen das Vergessen" (1995) und „Wir fühlten uns frei. Deutsche und französische Frauen im Widerstand" (1997). Preis „Frauen fördern Frauen" in der Sparte Journalismus (1997).

Weitere Autoren und Autorinnen

François Amoudruz (*1926) stammt aus einer Familie von Résistants. Er studierte in der Juristischen Fakultät von Straßburg (in Clermond-Ferrand umgesiedelt), als die Gestapo die Universität überfiel. Deportation nach Buchenwald im Januar 1944, dann in Flossenburg. Todesmärsche im Norden der Tschechoslowakei, Flucht und Denunziation. Haft in der Kriminalpolizei von Karlovy-Vary, Befreiung am 8. Mai. Bankdirektor i. R. Offizier der Ehrenlegion, Médaille der Résistance. Präsident der FNDIRP (Nationale Föderation der Deportierten, Internierten, Résistants und Patrioten) des Bas-Rhin, Vizevorsitz der FNDIRP, Mitglied der Nationalen Exekutivkommission des Struthof.

Rainer Bliesener (*1951). Lehre als Fernmeldehandwerker. Seit Mitte der 1970er Jahre hauptamtlicher Gewerkschafter, zuerst DGB-Landesjugendsekretär, jetzt DGB-Landesvorsitzender Baden-Württemberg. Ein Schwerpunkt der Arbeit: Kampf gegen Neofaschismus und Rechtsextremismus.

Judy Chicago, eigentlich Judy Cohen (*1939), aus den USA, wurde durch ihr Projekt „The Dinner Party" (1974–1979) bekannt. Von 1985 bis 1993 verwirklichte sie mit dem Fotografen Donald Woodman zusammen das Holocaust-Projekt „From Darkness into Light". An diesem Projekt arbeitete sie sechs Jahre lang, besuchte dabei mit ihrem Mann, dem Fotografen Donald Woodman, von 1985 bis 1987 Ausstellungen,

Repères biographiques

Hans Adamo, né en 1931 à Duisburg. Historien et journaliste. Vit dans les environs de Strasbourg. Travaille avec des organisations et initiatives allemandes et françaises, dont les thèmes sont: le fascisme, la déportation et la Résistance.
Organise régulièrement des visites guidées au Struthof.

Martin Graf (1957), Études: Photographie-Design à l'université de Darmstadt.
Depuis 1984, photographe et journaliste.
Intérêts principaux: reportage, théâtre, ballet
Nombreuses expositions et publications, dont: «Oradour, Regards au-delà de l'oubli» (1995), aux éditions Klartext.

Florence Hervé (*1944), Études germaniques à Heidelberg, Bonn et Paris. Depuis les années 70 journaliste et chercheuse. Intérêts principaux: Histoire des femmes, mouvements de libération.
Nombreuses publications en Allemagne et en France, entre autres «Oradour, Regards au-delà de l'oubli» (1995) et «Nous nous sentions libres. Les Allemandes et les Françaises dans la résistance» (1997), aux éditions Klartext. Prix Journalisme «Pour la promotion de la femme».

Autre auteurs

François Amoudruz (*1926), de famille résistante, étudiait à la Faculté de Droit de Strasbourg repliée à Clermont-Ferrand, lorsque la Gestapo a envahi les bâtiments universitaires. Il fut déporté à Buchenwald en janvier 1944, puis à Flossenburg. Marches de la mort en Tchécoslovaquie, évasion, dénonciation. Incarcéré à la Kriminalpolizei de Karlovy-Vary, libéré le 8 Mai. Directeur de banque retraité. Officier de la Légion d'Honneur, Médaille de la Résistance. Président départemental de la FNDIRP (Fédération Nationale des Déportés et Internés, Résistants et Patriotes) du Bas-Rhin, Vice-présidence de la FNDIRP au plan national, membre de la Commission nationale exécutive du Struthof.

Rainer Bliesener (*1951). Apprentissage dans les télécommunications. Syndicaliste permanent depuis le milieu des années 70, d'abord secrétaire responsable des jeunes du Land, aujourd'hui président du DGB dans la région de Bade-Wurtemberg, activité principale: la lutte contre le néfascisme et l'extrémisme de droite.

Judy Chicago, peintre aux Etats-Unis (*1939), du vrai nom de Judy Cohen, est surtout connue pour «The Dinner Party» (1974-1979). Elle réalisa entre 1985 et 1989 son projet sur l'holocauste «From Darkness into Light» en collaboration avec le photographe Donald Woodman. Elle a travaillé six ans à ce projet, visitant avec son mari, le photographe Donald Woodman, des expositions, des films ainsi que 13 camps de

Filme sowie 13 Konzentrationslager. Judy Chicago nutzte Fotografien von Donald Woodman und ergänzte sie mit Acryl und Öl.

Roger Dale (*1950) wurde in England geboren und lebte von 1952 bis 1977 in Kanada. Er ist heute Professor an der Hochschule für bildende Kunst und an der Hochschule für dramatische Kunst des Nationalen Theaters in Straßburg. Für sein „Struthof"-Projekt erhielt er die Genehmigung, innerhalb des Konzentrationslagers zu malen, 50 Tage lang, vom 1. August bis zum 20. September 1994. Die Ausstellung „100 Blicke auf die Freiheit" wurde erstmals 1994 in Natzweiler gezeigt.

Adélaide Hautval (Le Hohwald 1906–1988), Fachärztin für Psychiatrie, protestierte gegen die Misshandlung der Juden durch Gestapo und SS. 1942 verhaftet, 1943 als „Judenfreund" mit 230 Frauen in die KZs Birkenau, Auschwitz und Ravensbrück deportiert, rettete sie das Leben vieler Mithäftlinge und weigerte sich, an den pseudo-medizinischen Menschenversuchen der SS-Ärzte teilzunehmen. Nach der Befreiung trat Dr. Haidi Hautval als Zeugin gegen die Naziverbrechen auf, auch mit Veröffentlichungen wie „Medizin und Verbrechen gegen die Menschlichkeit".

Albert Hornung (1911–1945) starb an den Folgen seiner Internierung (wegen „Meinungsdelikt") im Lager Schirmeck Anfang 1943. Während seines Hausarrests in Barembach trat er der Résistance bei, empfing dort am 25. November 1944 die US-amerikanischen Befreier und wurde provisorischer Bürgermeister. Als einer der ersten war er im Struthof-Lager und schrieb im Auftrag der Résistance-Lokalgruppe FFI das Buch „Der Struthof, ein Todeslager".

Jean-Paul Klée (*1943) lebt in Straßburg. Sein Vater Raymond-Lucien, Philosoph, Sartres Freund in Berlin, danach in der gaullistischen Résistance aktiv, wurde im Struthof-Lager 1944 ermordet. Jean-Paul Klée ist Dichter und hat u.a. veröffentlicht: L'Eté l'Eternité, 1970; La Résurrection Alsacienne, poèmes 1977; Requiem sur l'Europe à son lit de Mort, 1983; Mon cœur flotte sur Strasbourg comme une Rose rose, 1988; Poëmes de la noirceur de l'Occident; Rêveries d'un promeneur strasbourgeois, 2001.

Michel Lemercier (*1922) lehrte u.a. Germanistik an der Universität von Straßburg, Mitglied der Schriftsteller-Gesellschaft in Elsass und Lothringen, Präsident und Gründer des Zirkels Rose Ausländer. Nahm an der Résistance teil. Autor zahlreicher Werke, darunter „Nouvelles allemandes contemporaines", 1988, „Deutsch können, Deutschland kennen", Paris 1989, „Rose Ausländer, Cristal, poèmes choisis et traduits par Michel Lemercier", Straßburg 2000.

Fritz Lettow (1904–1992), in der KPD engagiert, verbrachte insgesamt zehn Jahre in Haft und war vier Jahre lang als Arzt in den Revieren von Krankenhäusern von vier Konzentrationslagern tätig. Er kam im März 1942 von Buchenwald zum Struthof, musste am Lageraufbau mitwir-

concentration. Pour ce projet, Judy Chicago a utilisé des photographies de Donald Woodman qu'elle complétait avec acrylique et huile.

Roger Dale (1950), peintre britannique, a vécu au Canada de 1952 à 1977. Il est aujourd'hui Professeur à l'École des Arts Décoratifs de Strasbourg et à l'École supérieure d'Art Dramatique du Théâtre National de Strasbourg. Pour son projet sur le Struthof, il obtint l'autorisation de pénétrer dans l'enceinte du camp de concentration et de réaliser en 50 jours, entre le 1er août et le 20 septembre 1994, ses „100 vues de la liberté". L'exposition a été présentée la première fois à Natzwiller en 1994.

Adélaide Hautval (Le Hohwald 1906–1988), médecin-psychiatre, a protesté contre la persécution des juifs par la Gestapo et les SS. Détenue en 1942, elle a été déportée en 1943 avec 230 femmes dans les camps de concentration de Birkenau, Auschwitz et Ravensbrück. Là, elle a sauvé la vie de nombreuses détenues et a refusé de participer aux expériences pseudo-médicales des médecins SS. Après la libération, le docteur Haidi Hautval a témoigné contre les crimes nazis, ainsi avec son livre: Médecine et crimes contre l'humanité (1946–1987).

Albert Hornung (1911–1945) est mort des suites de son internement au camp de Schirmeck début 1943 pour délit d'opinion. Entré dans la résistance pendant sa résidence surveillée à Barembach, il y accueillit les libérateurs américains le 25 novembre 1944 et en fut le maire provisoire. L'un des premiers à avoir pénétré dans le camp du Struthof, il fut chargé par le groupe FFI local de publier un livre intitulé «Le Struthof, camp de la mort».

Jean-Paul Klée (1943) est né et vit à Strasbourg. Son père Raymond-Lucien, philosophe, compagnon de Sartre à Berlin puis résistant gaulliste, a été tu é au camp du Struthof. Jean-Paul Klée est poète et a entre autres publié: L'Eté l'Éternité, 1970; La Résurrection Alsacienne, poèmes 1977; Requiem sur l'Europe à son lit de Mort, 1983; Mon cœur flotte sur Strasbourg comme une Rose rose, 1988; Poëmes de la noirceur de l'Occident; Rêveries d'un promeneur strasbourgeois, 2001.

Michel Lemercier (1922) Maître de Conférences honoraires à l'Université de Strasbourg, Membre de la Société des Ecrivains d'Alsace-Lorraine. Président-Fondateur du Cercle Rose Ausländer. Combattant de la Résistance. Auteur de nombreux ouvrages, dont "Nouvelles allemandes contemporaines", 1988, «Deutsch können, Deutschland kennen», Paris 1989, "Rose Ausländer, Cristal, Poèmes choisis et traduits par Michel Lemercier, Strasbourg 2000.

Fritz Lettow (1904–1992), militant du parti communiste, passa en tout dix années en prison, et, en tant que médecin, travailla pendant quatre années dans les infirmeries de quatre camps de concentration. Il arriva en mars 1942 du Buchenwald au Struthof où il dut paticiper à la construc-

ken. Im März 1944 kam er nach Sachsenhausen. Nach der Befreiung schrieb er seine Erinnerungen (im Herbst 1945), die erst 1997 veröffentlicht wurden.

Germain Lutz (*1923), aktiv im Widerstand der Luxemburger Patrioten Liga (LPL) seit 1940, wurde deportiert in die KZs Hinzert, Natzweiler-Struthof und Dachau (1942–1945). Vorsitzender der Vereinigung ehemaliger Gefangener und der Familien der Verschwundenen von Natzweiler-Struthof in Luxemburg, des Internationalen Komitees des Konzentrationslagers Natzweiler-Struthof, der Union internationaler Komitees der Nazi-Konzentrationslager.

Sylvie Reff (*1946 in Bischwiller geboren). Die Komponistin, Interpretin und Sängerin ist zugleich Autorin von zahlreichen Gedichten und Romanen, unter ihnen: La Nef des Vivants, 1975, Geschichte einer Gänsehüterin, 1975, Mendiants d'Etoiles, 1994, Strasbourg Symphonie, 1997, „De Zopf", 2000. Schallplatten: u.a. Sternestruss 1995. Mehrere Auszeichnungen: Preis der Gesellschaft der Schriftsteller im Elsass 1976, Hebeldankpreis des Hebelbundes Lörrach 1994.

Tomi Ungerer (1931), Autor und Karikaturist, wurde in Straßburg geboren; während des Zweiten Weltkriegs wurde das Haus seiner Familie teilweise von der Wehrmacht beschlagnahmt. Nach einem abenteuerlichen Leben in Lappland und Algerien arbeitete er ab 1956 für verschiedene Zeitschriften in den USA. Weitere Stationen: Kanada, Südirland. Zahlreiche Veröffentlichungen, darunter „Die Gedanken sind frei", sowie Auszeichnungen, darunter: Ritter der Ehrenlegion, Großer Nationalpreis für Grafik (1995) und Karikaturpreis der Deutschen Anwaltschaft 2000.

tion du camp. En mars 1944, il fut déplacé à Sachsenhausen. Après la libération, il écrivit ses souvenirs (automne 1945) qui ne furent publiés qu'en 1997.

Germain Lutz (*1923), résistant dans la Ligue des Patriotes luxembourgeois (LPL) depuis 1940, fut déporté dans les camps de concentration de Hinzert, Natzweiler-Struthof et Dachau 1942–1945. Aujourd'hui Président de l'Amicale des Anciens Prisonniers et des Familles de Disparus de Natzweiler-Struthof Luxembourg, du Comité international du Camp de Concentration de Natzweiler-Struthof et de l'Union des Comités internationaux des Camps de Concentration nazis.

Sylvie Reff (1946), née à Bischwiller, est compositrice, interprète et chanteuse. Elle est également l'auteure de nombreux poèmes et romans, parmi lesquels: La Nef des Vivants, 1975, Geschichte einer Gänsehüterin, 1975, Mendiants d'Etoiles, 1994, Strasbourg Symphonie, 1997, «De Zopf», 2000. Parmi les disques et CD: Sternestruss 1995. Prix de la Société des Écrivains d'Alsace 1976, Hebeldankpreis des Hebelbundes Lörrach 1994.

Tomi Ungerer (1931), auteur et caricaturiste, est né à Strasbourg. Pendant la 2ème guerre mondiale, la maison de ses parents fut partiellement réquisitionnée par l'armée nazie. Après une vie d'aventures, en Laponie et en Algérie, il travailla à partir de 1956 pour plusieurs revues aux Etats-Unis. Autres étapes: le Canada, l'Irlande du Sud. Parmi les nombreuses publications: «Die Gedanken sind frei.» Nombreux prix: Chevalier de la Légion d'honneur, Grand Prix National de graphisme (1995) et Prix de la Caricature des Avocats allemands 2000.